AF266246

G

6362.

HISTOIRE UNIVERSELLE,

EN STYLE LAPIDAIRE.

HISTOIRE

UNIVERSELLE,

EN STYLE LAPIDAIRE.

———— *(Par maréchal)*

MULTA PAUCIS.

DE L'IMPRIMERIE DE CRAPELET.

A PARIS,

Chez DETERVILLE, Libraire, rue du Battoir, n° 16,
quartier de l'Odéon.

1800.

DISCOURS PRÉLIMINAIRE.

Depuis long-tems on se plaint de la prolixité des historiens. Bossuet et Voltaire entreprirent d'élaguer les annales du monde, en se bornant aux grandes époques, aux faits certains, et d'un intérêt général. Ces deux écrivains célèbres ne firent pas encore assez. Il faut ramener l'Histoire au point d'où elle est partie, en rétablissant le *style lapidaire*, et qu'un espace donné oblige enfin à une parcimonie de mots qui fera ressortir les choses. Laconisme et clarté sont les deux principaux devoirs d'un historien ; et il ne peut s'en acquitter qu'en réduisant les fastes des peuples à n'être qu'une suite d'*inscriptions*.

Ce parti à prendre est d'autant plus convenable, que les annalistes qui veulent remonter aux causes des événemens qu'ils rapportent, en sont presque toujours réduits aux conjectures. Le voile de l'Histoire n'est pas plus facile à soulever que celui de la Nature.

Le style lapidaire caractérise la haute antiquité.

« Dans ces anciens tems, avant Hérodote, (dit son savant traducteur moderne) » on » transmettoit les événemens à la postérité » par le moyen d'inscriptions gravées sur » des monumens durables, ou sur des tré- » pieds qu'on conservoit avec le plus grand » soin dans les temples ». LARCHER.

« …. L'on grava sur le marbre, le bronze, » le cuivre et le bois, l'histoire du pays, le » culte des dieux, les principes des sciences, » les traités de paix, les guerres, les alliances, » les époques, les conquêtes, en un mot tous » les faits mémorables ou instructifs….

» La noblesse des pensées, la pureté du » style, la briéveté, la simplicité, la clarté » qui y règnent (dans ces inscriptions) con- » courent encore à nous les rendre pré- » cieuses; car c'est dans ce goût-là que

» les inscriptions doivent être faites ». Sab-
bathier.

Les juifs racontent que les enfans de Seth
écrivirent sur deux colonnes, l'une de pierre,
l'autre de brique, tout ce qu'ils savoient
d'histoire et d'astronomie.

L'historien Joseph nous apprend que, dé
son tems, on voyoit celle des deux colonnes
construite avec la pierre.

La Bible raconte encore que Moïse reçut
des mains de Dieu même le décalogue écrit
de son doigt sur une double table de pierre.

Le livre du Deutéronome fut transcrit sur
des pierres enduites de chaux.

Job déposa sa douleur éloquente sur des
rouleaux de plomb.

On lit dans l'*Asclépius*, dialogue ancien
traduit par Apulée :

« O Egypte ! Egypte ! un tems viendra
» qu'il ne te restera plus que des mots gravés
» sur la pierre ».

Les hiéroglyphes des Egyptiens qui cou-
vrent leurs pyramides et quelques-uns de

leurs grands rochers, sont de véritables monumens de style lapidaire.

Sanchoniaton rédigea ses ix livres d'histoire, après avoir consulté les fastes lapidaires des premiers peuples, sur les parois et sur le pourtour des colonnes de leurs temples. *Voyez* EUSÈBE et PORPHYRE.

Les astronomes de Babylone écrivoient leurs observations sur des briques, et se servoient de matières dures et solides pour conserver les opérations des arts. PLINE, *Hist. natur.*

Aremnestus, fils de Pythagore, déposa dans un temple, à Samos, une lame d'airain, sur laquelle il avoit gravé les principes des sciences qu'il tenoit de son père. PORPHYRE, *Vie de Pythagore.*

Annibal consacra un autel, sur les parois duquel on lisoit en langue grecque et dans la sienne (la punique) le récit de ses victoires.

A Délos, on voyoit des tables d'airain qu'Opis et Hæcaergé avoient apportées des pays hyperboréens, où étoient gravées des connoissances singulières et très-importantes. *Voyez* l'*Axiochus*, dialogue attribué à Platon.

L'histoire de Saturne et d'Apollon, qu'Evehémère dit avoir lue, écrite sur une colonne d'or, dans le temple d'une île de l'Océan, ne pouvoit être qu'en style lapidaire. *Voyez* la *Bibliothèque universelle* de Diodore.

Ce furent les Corybantes (prêtres de Cybelle) qui inventèrent l'art de dresser des colonnes pour y inscrire les loix civiles et religieuses de leur tems. THÉOPOMPE.

Minos, en Crète, grava son code sur des tables d'airain.

Solon, dans Athènes, transcrivit le sien sur des ais mobiles de bois.

Dans la citadelle de cette ville fameuse, on pouvoit voir des colonnes couvertes d'inscriptions qui apprenoient à la postérité, le caractère et le crime des usurpateurs de la souveraineté nationale. THUCYDIDE.

Numa Pompilius fit transcrire ses réglemens sacro-politiques sur des tables de chêne.

Quand Tarquin abrogea les loix de Tullus Hostilius, il fit enlever du forum toutes les tables sur lesquelles on les avoit transcrites.

S'il faut en croire Suétone, au Capitole, les Romains pouvoient consulter leurs loix écrites sur trois mille tables d'airain. Douze tables leur avoient d'abord suffi.

Tite-Live rapporte que, du tems d'Auguste, la cuirasse de toile d'A. Cornélius Cossus conservoit encore l'inscription historique d'un fait glorieux. *Hist. liv. 4, c. 20.*

Peut-être même ce ne seroit pas se hasarder trop que de dire que, dans les premiers siècles de Rome, on ne comptoit les années que par une suite de clous attachés à la muraille d'un temple.

Sous les empereurs romains, les monumens n'étoient autre chose que des lames de plomb gravées ; on en composoit des volumes, en les roulant sur elles-mêmes.

Les Marbres de Paros sont un monument
de style lapidaire : ils offrent la chronique
d'Athènes, gravée près de trois siècles avant
notre ère commune.

Il existe encore quelques autres monumens, fragmens d'histoire traités ainsi.

L'histoire ancienne (dit le docte abbé
Anselme) se lisoit par-tout en caractères
durables.

Voici un passage beaucoup plus précis
sur l'ancienneté et l'usage du style lapidaire.
Je cite les expressions elles-mêmes de l'orateur romain : *Erat enim historia......*

« L'histoire n'étoit autre chose que le
» soin de rédiger les annales. Pour conser-
» ver le souvenir des faits, le grand pontife,
» depuis le commencement de Rome jus-
» qu'à P. Mucius, grand-pontife lui-même,
» écrivoit ce qui se passoit chaque jour dans
» le cours de l'année : il transcrivoit ensuite
» ces mêmes choses sur des tables blanches,
» et il les exposoit dans sa maison , afin
» que chacun pût s'en instruire et en juger ;

» c'est-là ce que nous appelons aujourd'hui
» *les grandes Annales* ». Orat. II.

« Les faits y étoient exposés sans aucun
» art. La briéveté étoit un des principaux
» caractères de ces monumens ; on se con-
» tentoit de marquer les événemens par un
» récit pur, simple, et dénué de tout orne-
» ment étranger. *Non exornatores rerum*
» (dit Cicéron) *sed tantummodo narrato-*
» *res* ». Eod. loco.

Cicéron a prescrit sommairement les règles de ce genre d'écrire :

Accedat oportet oratio varia, vehemens,
plena animi, plena spiritûs ; omnium sen-
tentiarum gravitate, omnium verborum
ponderibus est utendum.

« Ce discours doit être varié, vif, plein
» d'ame et d'esprit. Toutes les pensées doi-
» vent être analogues à la gravité du sujet,
» et tous les mots qu'on y emploie doi-
» vent être propres, et pour ainsi dire pe-
» sés ».

Un moderne en a parlé en ces termes :

Ubique lector plura inveniat cogitanda,
quam vidit legenda....

Singulas inscriptionis lineas debere obti-
nere vim epigrammatis.

« Par-tout le lecteur doit trouver plus à
» penser qu'à lire....

» Il faut que chaque ligne de ces inscrip-
» tions fasse pour ainsi dire épigramme ».

CHR. WEISIUS, *de Argutis inscriptioni-*
bus, pag. 410 et 411.

« Le style des inscriptions (romaines) dit
Patin, » est simple, quoiqu'il soit grand ;
» et je crois qu'avec toute la rhétorique de
» nos modernes, on ne sauroit plus super-
» bement exprimer la pensée, quoiqu'on
» puisse le faire avec plus de délicatesse....

» Sur leurs médailles (des Romains) nous
» voyons des histoires parfaitement décrites
» en deux ou trois mots.... comme on peut
» le voir par ces exemples :

SALUS GENERIS HUMANI.

PAX ORBIS TERRARUM.

CONCORDIA EXERCITUUM.

ADSERTORI LIBERTATIS PUBLICÆ.

LIBERTAS RESTITUTA.

RESTITUTOR URBIS.

PACATOR ORBIS.

Introduction à la Connoissance des Médailles, ch. XXII.

« Les légendes et inscriptions les plus » simples (dit Jobert) ont souvent plus de » dignité ».

Par exemple :

VICTORIOSO SEMPER.

REX PARTHIS DATUS.

GAUDIUM REIPUBLICÆ.

BONO REIPUBLICÆ NATI.

RESTITUTORI GALLIÆ.

Science des Médailles, VIe instruction.

« Les jeux de mots, qui caractérisent le
» petit génie, ne doivent pas se trouver dans
» ce style grave ». PERROT D'ABLANCOURT.

« Ce genre d'écrire n'est ni froid, ni
» brillant », dit l'auteur anonyme d'une
*Ire Lettre sur le Style lapidaire, publiée
à Paris le 8 août de l'année chrétienne
vulgaire 1765.*

« Les figures de rhétorique n'y sont point
» de mise ». *IIe Lettre*, pag. 38.

Charpentier, de l'académie française,
disoit en 1683 :

« Ce n'est pas chose nouvelle que de voir
» des inscriptions françaises. Il y a déjà long-
» tems que nostre langue s'escrit sur le mar-
» bre et sur le bronze; mais quand ce seroit
» une nouveauté, il ne faudroit pas avoir plus
» de répugnance à s'en servir ». *Deffense de
la Langue Française*, pag. 220 et 221.

« Les inscriptions doivent être courtes,

» simples et familières. La pompe et la mul-
» titude des paroles ne valent rien ».

BOILEAU.

Le style lapidaire, qui consiste dans le choix des mots et dans l'arrangement des lignes, demande donc quelque peu d'art, et pourroit être soumis à des règles. Dans le discours ordinaire, on est obligé de se servir de parenthèses et de caractères différens pour faire ressortir une phrase incidente, une expression qui renferme un grand sens, et sur laquelle tombe tout le mérite d'une page entière quelquefois. La manière d'écrire les lignes d'une inscription concourt à l'intention de l'auteur. Ces lignes plus ou moins longues, renfermant chacune un trait, facilitent la lecture et l'intelligence du texte.

Le style lapidaire tient le milieu entre la poésie et la prose. Chaque ligne d'une page écrite dans ce genre, doit former un sens complet. Chaque mot doit, pour ainsi dire, offrir une pensée ou peindre un sentiment. Une heureuse expression, une idée forte, comme perdue dans une longue phrase de prose courante, se détache à l'œil dans le style lapidaire, et se place dans le cerveau, ainsi qu'elle l'est dans l'inscription. Le style lapidaire commande le laconisme à l'écrivain, et l'attention au lecteur. Mais il faut encore savoir le lire.

Le style lapidaire tient le milieu entre la poésie et la prose, non-seulement par la nature de sa rédaction, mais encore dans l'ordre des tems. Car quand on soutient que personne avant Phérécide n'avoit écrit en prose, cela signifie sans doute que ce sage fut le premier qui écrivit en prose courante sur des matières qu'on avoit jusqu'à lui traitées en vers. Mais les inscriptions historico-politiques étoient rédigées en style lapidaire, c'est-à-dire, composées de mots choisis et placés de manière à être lus d'un coup-d'œil, et à se graver subitement dans la mémoire.

Le style lapidaire conviendroit parfaitement à la morale.

Hypparque, fils de Pisistrate, tyran

d'Athènes, dans tous les carrefours, sur tous les grands chemins de l'Attique, fit dresser des *hermès* (ou poteaux) couverts de maximes sages, en style lapidaire; telles que :

JUSTITIAM COLITO.

Observez la justice.

NE FALLAS AMICUM.

Ne trompe point ton ami.

etc.

Mais ce style est devenu indispensable pour l'Histoire. C'est peut-être le plus ancien de tous les genres d'écrire; et il est probable qu'il leur survivra. On a commencé par lui; il faudra y revenir, la vie de l'homme ne suffisant plus à la lecture de ces corps d'Histoires qui surchargent nos bibliothèques.

« Mais (pourroit-on objecter) le style lapidaire, utile avant l'art typographique, cesse de l'être depuis qu'on a du papier et des caractères mobiles ».

Il faut répondre qu'il est redevenu nécessaire, à cause de la prodigieuse facilité de multiplier aujourd'hui les livres. Le champ de l'Histoire en est encombré; et pour avoir trop à lire, on finiroit par se dégoûter toutà-fait de la lecture.

Quand le P. Mallebranche disoit que l'Histoire n'apprend que des inutilités, sans doute il entendoit parler de l'Histoire écrite autrement qu'en style lapidaire.

L'académie des *inscriptions* n'ayant jamais rempli son titre, quoiqu'elle ait atteint souvent son but, il seroit peut-être digne du gouvernement d'une grande nation de fonder une société d'hommes supérieurs, choisis à l'effet de rédiger à la manière antique les Annales du pays, si longuement, si lourdement, si maussadement écrites jusqu'à ce jour. On élèveroit un vaste édifice, composé d'une seule muraille, laquelle partant d'un noyau ou obélisque astronomique, se développeroit en spirale, à mesure que les siècles amèneroient des événemens. On graveroit sur ce mur d'airain ou de marbre les seuls actes qui font honneur à l'espèce humaine ; et cet édifice seroit le Palais de l'Histoire.

Cet *Essai d'Histoire universelle* résumée dans ce style, et conduite jusqu'à l'époque de la découverte de l'imprimerie, étoit écrit bien avant les *Leçons d'Histoire* de Volney. La lecture pourroit en être recommandée à l'issue du cours des études ; en parcourant ce tableau, les personnes déjà instruites y trouveront le sommaire rapide de ce qu'elles ont appris. Presque tous les grands noms, en passant sous les yeux, se graveront pour toujours dans la mémoire. Les lecteurs tiendront à la main la chaîne des principaux événemens, et saisiront l'ensemble de tout ce que les hommes doivent savoir.

L'auteur de cet Essai l'a parsemé de loin en loin de courtes réflexions morales, pour se conformer à ce précepte des anciens : *Historia, magistra morum.*

Mais nous n'avons pas cru devoir imiter les Romains, qui ne mettoient ni points, ni virgules dans leurs inscriptions : la langue française peut moins que toute autre se passer de ce secours, sur-tout dans cette circonstance.

Au commencement de l'année 1786, nous publiâmes une ébauche dans ce genre, intitulée : *Actions célèbres des grands Hommes de toutes les Nations, in-4°.* accompagnées d'estampes. Le programme de cette entreprise que les premiers symptômes de la révolution française firent avorter, renfermoit quelques idées applicables à cet *Essai d'Histoire universelle,* que nous rédigions à cette même époque. Nous disions alors, et nous pouvons répéter aujourd'hui avec plus de motifs :

«.... Un inconvénient grave résulte du » nombre infini de pages qu'occupent les » Annales du monde. Les seuls traits dignes

» d'être transmis à la postérité, sont comme
» perdus dans la foule des menus faits, et
» ne produisent pas tout l'intérêt dont ils
» sont susceptibles. Dix tomes *in-fol.* (*Dic-*
» *tionnaire de Moreri*) suffisent à peine à
» la nomenclature des personnages célèbres
» qui ont paru sur le théâtre de l'univers.
» Cinquante volumes *in-4°*. (la grande *His-*
» *toire universelle anglaise,* traduite et
» imprimée en Hollande) n'ont pas encore
» épuisé la matière. Au milieu de tant d'anec-
» dotes entassées, comment retrouver celle
» qui caractérise l'homme ou le peuple qui
» nous a frappés le plus? Sait-on à quoi s'en
» tenir parmi tant d'échos verbeux qui ré-
» pètent indistinctement tout ce qu'ils en-
» tendent?

» Le jeune homme qui entre dans la so-
» ciété, la femme aimable qui en fait tout
» le charme, l'homme du monde entraîné
» dans le tourbillon des affaires, n'ont pas
» le tems de dévorer tant de lectures, et ne
» sont pas assez préparés pour faire eux-

» mêmes l'examen et le choix, dans ce chaos
» historique, des choses qui méritent d'être
» remarquées et retenues. Il nous manque
» un monument qui, parlant tout-à-la-fois
» à l'esprit et aux yeux, grave à jamais dans
» notre mémoire les seuls actes que nous
» devons tirer de l'oubli. C'est ce monu-
» ment, plus modeste et plus utile que les
» pyramides d'Egypte, que l'on se propose
» d'élever à la gloire des morts pour servir
» d'émulation aux vivans.

» Cette suite de tableaux rappellera d'un
» coup-d'œil, et sans confusion, les points
» les plus importans de toute la science de
» l'Histoire.

» Il nous semble voir déjà le chef de fa-
» mille, le soir de chaque jour, soumettre
» aux regards de ses enfans rassemblés au-
» tour de lui, un pan de cette galerie histo-
» rique, et s'en servir comme de texte à ses
» leçons paternelles.... ».

Puisse cet ESSAI, dans un genre de litté-
rature qu'on a voulu interdire à la langue

française, servir de réponse à ses timides détracteurs ! Nous nous sommes imposé cette tâche avec d'autant plus de confiance, qu'il n'a point fallu de génie, ce nous semble, pour écrire les *Marbres de Paros*, dont le laconisme et la clarté sont le seul mérite littéraire.

Voici deux de ces Essais historiques de style lapidaire, publiés en janvier 1786 :

CHARONDAS.

SAGE LÉGISLATEUR DE SES CONCITOYENS,

CHARONDAS

AVOIT PORTÉ PEINE DE MORT

CONTRE CEUX

QUI SE PRÉSENTEROIENT ARMÉS

DANS L'ASSEMBLÉE DU PEUPLE.

DE RETOUR DES CHAMPS,

IL VOLE A LA PLACE PUBLIQUE

OU LES THURIENS

FOMENTOIENT UNE RÉVOLTE,

ET VEUT FAIRE PARLER

LA LOI.

AU MOMENT OU TU L'IMPLORES,

LUI DIT-ON,

TU LA VIOLES TOI-MÊME

LE PREMIER.

POURQUOI CE GLAIVE A TON COTÉ?

AS-TU DONC OUBLIÉ

QUE TON CODE EN DÉFEND L'USAGE

ICI?

DU MOINS,

REPRIT CHARONDAS,

EN SE PERÇANT DE SON ÉPÉE,

PAR MON EXEMPLE,

APPRENEZ, TOUS,

QUE L'INFRACTION DES LOIX,

MÊME INVOLONTAIRE,

EST DÉJA UN CRIME.

JEANNE D'ARC.

CHARLES VII,

ROI DE FRANCE,

ÉTOIT MENACÉ PAR LES ANGLAIS

VICTORIEUX ET SOUVERAINS

A PARIS,

DE N'ÊTRE BIENTOT PLUS

QUE LE ROI DE BOURGES.

ORLÉANS

SEULE

LUI RESTOIT ENCORE,

ET LUI ÉCHAPPOIT

DANS PEU.

LES FRANÇOIS ABATTUS

ATTENDOIENT UN PRODIGE.

INSPIRÉE PAR LE PATRIOTISME,

UNE JEUNE PASTOURELLE

DEMANDE DES ARMES

ET LE BATON DU COMMANDEMENT.

ELLE EST VIERGE:

ELLE EST BELLE:

ON L'ADMIRE ;

ON LA SUIT :

ET

LA VICTOIRE

QUI SE REFUSOIT A DUNOIS,

SE DONNE A JEANNE D'ARC.

ORLÉANS EST DÉLIVRÉE.

PERDANT SA GLOIRE

A CHINON

DANS LES BRAS D'UNE FEMME,

LE TROP HEUREUX CHARLES

RECOUVRE SA COURONNE

A RHEIMS,

DES MAINS D'UNE AUTRE FEMME.

MAIS, HÉLAS !

UN BUCHER S'ALLUME

A ROUEN,

POUR Y RÉDUIRE EN CENDRE

LE PHÉNIX DE NOTRE HISTOIRE.

HISTOIRE UNIVERSELLE

EN STYLE LAPIDAIRE.

PROLOGUE.

Fils ainés de la nature,
enfans des hommes !
approchez, et lisez :
bons ou mauvais,
que les exemples de vos pères
vous servent de leçons !
le passé
enseigne l'avenir.

Mais
le style de l'histoire,
aussi rapide
que le vol du tems,
doit être bref
comme la vie ;
plus de faits
que de mots.

SIÈCLES ANTÉRIEURS AUX DATES CERTAINES.

L'HISTOIRE
EST BIEN JEUNE ENCORE,
ET LE MONDE
EST DÉJA BIEN VIEUX;
SI TOUTEFOIS,
IL A COMMENCÉ.
QUI, LE PREMIER,
MONTA SUR LA SCÈNE?
ADAM?
IL N'APPARTIENT PAS A L'HISTOIRE.
NOÉ?
NE TOUCHONS POINT A L'ARCHE.
LES ATLANTES?
LEUR NOM EST LE SEUL MONUMENT
DE LEUR EXISTENCE.
LAISSONS
LES ÉGYPTIENS ET LES CHINOIS,
L'ÉTHIOPIE ET L'INDE,
SE DISPUTER LA PRÉSÉANCE.
QUELQUES MILLIERS D'ANS
DE PLUS OU DE MOINS,

QUE SONT-ILS

DANS L'INFINITÉ DES SIÈCLES ?

CE QU'EST NOTRE GLOBE

DANS L'UNIVERSALITÉ DES CHOSES.

CEPENDANT,

CROYONS A L'AGE D'OR ;

CHAQUE PEUPLE EUT LE SIEN.

OUI !

IL FUT UN TEMS,

OU LES HOMMES,

ENFANS PAR LES MŒURS,

ÉTRANGERS

AUX VICES COMME AUX VERTUS,

VIVOIENT

HEUREUX ET BONS,

DANS TOUTE LA SIMPLICITÉ

DE L'INNOCENCE,

DIVISÉS PAR FAMILLE...

ALORS, UN PÈRE,

ROI PENDANT SA VIE,

ÉTOIT DIEU APRÈS SA MORT.

MAUDITE L'ÉPOQUE

OU LE BATON PASTORAL

DEVINT SCEPTRE DE FER !
LE MALHEUR DU GENRE-HUMAIN
DATE DU MOMENT
OU L'HOMME CESSA DE VOIR
SON ÉGAL DANS SON SEMBLABLE,
ET
FLÉCHIT LE GENOUIL
DEVANT UN AUTRE QUE SON PÈRE.
BIENTOT, LE PEUPLE,
VIL TROUPEAU
SOUS LA VERGE DE SES PASTEURS,
FUT RENFERMÉ
DANS D'ÉTROITES ENCEINTES.
L'INDÉPENDANCE,
A LA VUE DE LA PREMIÈRE MURAILLE,
S'ENFUIT
POUR NE PLUS REPAROITRE.
LE SANG
CIMENTA LES FONDEMENS
DES PREMIÈRES VILLES,
ET LE CRIME
EN SOUILLA LES FONDATEURS.

NEMBROD,
LE PREMIER,

V

VIOLA LE PLUS SACRÉ DES DROITS,
IL SE FIT LE MAITRE DE SES ÉGAUX;
MOINS COUPABLE
QUE CEUX QUI LE SOUFFRIRENT.

ON VIT
UNE NATION ENTIÈRE
RECEVOIR LA LOI D'UNE FEMME,
SÉMIRAMIS,
ET EN MÊME TEMS SUR LE TRONE
L'INCESTE PUNI PAR LE MATRICIDE.

THÈBES ET MEMPHIS,
NINIVE, ET BABYLONE
S'ÉLÈVENT
SUR LES RUINES DU SIÈCLE PATRIARCHAL.
ABRAHAM
SE TROUVE CONTEMPORAIN DE SODOME.

SOUVERAIN EN ÉGYPTE,
MŒRIS CONTINUE LES TRAVAUX DE MENÈS
ET FAIT CREUSER LE LAC
QUI PORTE SON NOM,
MONUMENT
PLUS UTILE QUE LES PYRAMIDES.

LES HABITANS DE LA CAPPADOCE.

PERMETTENT A L'ARMÉNIEN. ACMON

DE RÈGNER SUR EUX,

SOUS LA CLAUSE

QU'IL PURGERA LEUR TERRITOIRE

DES BÊTES FAUVES ET DES BRIGANDS.

DANS LA SUITE,

IL FUT PLUS AISÉ D'ÊTRE ROI.

CE N'EST PAS QU'IL N'Y AIT ENCORE

DES MONSTRES A COMBATTRE;

MAIS OU SONT LES HÉROS,

POUR LES VAINCRE?

KRONOS,

DE LA RACE DES TITANS ORGUEILLEUX,

CEIGNIT LE PREMIER LE BANDEAU ROYAL;

MAIS

IL NE PUT ÊTRE PÈRE ET ROI

TOUT ENSEMBLE :

BOURREAU DE SES PROPRES ENFANS,

IL NE TROUVA QUE TROP D'IMITATEURS.

AU RÉCIT DU SACRIFICE D'ABRAHAM,

ENFANS DES HOMMES !

RECONNOISSEZ, EN TREMBLANT,

L'ASCENDANT SUPRÊME DE LA RELIGION.

HERMÈS TRISMÉGISTE,

LE PREMIER DES SAVANS,

N'EUT POINT ÉTÉ CAPABLE

D'UNE SOUMISSION PAREILLE

A CELLE DU PÈRE DES CROYANS.

FILS DE LA DOULEUR,

O MORTELS !

VOUS N'AUREZ QUE TROP SOUVENT BESOIN

D'ADMIRER ET DE SUIVRE

DANS JOB

UN MODÈLE DE PATIENCE.

QUE LA CONTINENCE DE JOSEPH

ÉPURE

L'IMAGINATION SOUILLÉE

PAR L'INFAMIE D'ONAN !

PREMIÈRE ÉPOQUE.

MOISE.

MOISE PAROIT ;
ET SON GÉNIE,
PLUS PUISSANT QUE CELUI DE SÉSOSTRIS,
LAISSE UNE EMPREINTE
QUE LE TEMPS N'A PU EFFACER ;
IL CRÉE
UN PEUPLE ET UNE RELIGION
DONT ON PARLE ENCORE.

CADMUS
FAIT PRÉSENT A LA GRÈCE
DE L'ALPHABET PHÉNICIEN,
LE PLUS GRAND EFFORT
PEUT-ÊTRE
DE L'ESPRIT HUMAIN.

CÉCROPS ET THÉSÉE FONDENT ATHÈNES,
DANS LA SUITE,
LE CHEF-D'ŒUVRE DE LA CIVILISATION.

UN INCENDIE
DÉCOUVRE AUX HOMMES UN MÉTAL
PLUS PRÉCIEUX QUE L'OR;
LE FER EST TROUVÉ.
CÉRÈS ET TRIPTOLÈME
LE CONSACRENT AU LABOURAGE:
ET CEPENDANT
ILS N'ONT D'AUTEL
QUE LONG-TEMPS APRÈS MARS.

PHÉIDON, TYRAN D'ARGOS,
IMAGINE DES POIDS ET DES MESURES
ET FAIT MONNOYER LES MÉTAUX;
ÉPOQUE
QUI AURA DES SUITES BIEN FATALES.

TROYE
SUCCOMBE ENFIN
APRÈS UN SIÉGE DE DIX ANS.
SEXE,
QUI N'AVEZ POUR ARMES
QUE LA BEAUTÉ,
VOUS SOURIEZ AU NOM D'HÉLÈNE.
ELLE FIT PLUS QUE LES AMAZONES.
CELLES-CI OSÈRENT MARCHER SUR LES PAS

DE SAMSON ET D'HERCULE.
MAIS
QUE PEUT LE FUSEAU,
CONTRE LA MASSUE?
FEMMES!
BORNEZ-VOUS
AUX VERTUS DOMESTIQUES
D'ALCESTE,
DE RUTH ET NOÉMI!

LA NATION JUIVE VEUT UN ROI:
ET
ELLE A LE MALHEUR DE L'OBTENIR.
LACÉDÉMONE, AU CONTRAIRE,
COMMENCE PAR EN AVOIR DEUX,
ET
FINIT PAR ÊTRE RÉPUBLIQUE.

CODRUS, ROI D'ATHÈNES,
S'IMMOLE AU BIEN DE SA PATRIE;
PHŒNIX QU'ON DÉSESPÉRA
DE FAIRE RENAÎTRE DE SES CENDRES.

PLUS PATIENS,
LES JUIFS CÉDENT A L'IMPULSION DE DAVID,

ET

S'AMOLLISSENT AVEC SALOMON,

DIGNE EN EFFET DU NOM DE SAGE,

SI SA VIE

EUT ÉTÉ PLUS CONFORME AUX PRÉCEPTES

DE SES PROVERBES ET DE SON ECCLÉSIASTE

QU'AUX TABLEAUX

DU CANTIQUE DES CANTIQUES ;

IL LUI MANQUOIT NATHAN.

LE BON HÉSIODE

ADOUCIT LES MŒURS RUSTIQUES

ET

RÈGLE LES TRAVAUX CHAMPÊTRES,

A LA CADENCE DE SES PIPEAUX.

LA LYRE D'HOMÈRE

SE FAIT ENTENDRE A LA GRÈCE ;

LES ÉCHOS LES PLUS LOINTAINS

RÉPÈTENT ENCORE AUJOURD'HUI

SES SONS IMMORTELS ;

PLUS GRAND PEINTRE PEUT-ÊTRE

DANS LE PORTRAIT DE PÉNÉLOPE

QUE DANS CELUI D'ACHILLE.

PAR UN DÉSINTÉRESSEMENT HÉROIQUE,

LYCURGUE
DÉDAIGNE D'ÊTRE ROI DE SA PATRIE,
POUR DEVENIR PLUS SAGE LÉGISLATEUR.
LE CODE SÉVÈRE
QU'IL DONNE A LACÉDÉMONE
PROUVE DU MOINS QU'AVEC DU GÉNIE
ON FAIT DES HOMMES CE QU'ON VEUT.

LA FOIBLE DIDON,
FONDATRICE ET REINE DE CARTHAGE,
COMMUNIQUE A CETTE VILLE
LA MOLLESSE DE SON CARACTÈRE.

TANT QU'IL Y AURA DES ROIS,
N'AYONS POINT D'HÉRITAGE
CONTIGU A LEUR PALAIS;
SOUVENONS-NOUS
DE LA VIGNE DE NABOTH.

JEZABEL ET ATHALIE
EN JUDÉE,
SARDANAPALE CHEZ LES ASSYRIENS,
ET TANT D'AUTRES
NE JUSTIFIENT QUE TROP
LA PRÉDICTION DU SAGE SAMUEL

SUR LES SUITES DE LA ROYAUTÉ.

TOBIE
RAPPELLE UN MOMENT
LES MŒURS PATRIARCHALES.

ROME EST FONDÉE
PAR DES BRIGANDS.
PRESQUE TOUS LES EMPIRES
ONT EU SEMBLABLE ORIGINE.
CE CHÊNE SUPERBE
QUI DÉVORA
TOUTE LA SUBSTANCE DE LA TERRE,
NE FUT D'ABORD QU'UN GLAND VIL
QU'ON FOULOIT AUX PIEDS.

LES SABINES MÉDIATRICES
ENTRE LEURS PARENS ET LEURS ÉPOUX,
REMPLISSENT LE SEUL ROLE
QUI SIED AUX FEMMES,
DANS L'ÉTAT CIVIL.

NUMA
DONNE UNE RELIGION
A SES SUJETS GROSSIERS,

ET
RÉUNIT DANS SA MAIN
LE SCEPTRE ET L'ENCENSOIR ;
ALLIAGE FORMIDABLE !

THALÈS
ARRACHE AUX ÉGYPTIENS
LEURS SAVANS SECRETS
POUR EN FAIRE PART A SES COMPATRIOTES.
SOLON
DONNE AUX SIENS DAVANTAGE,
EN LEUR RÉDIGEANT UN CODE
PLUS FAIT POUR EUX
QUE LES ARRÊTS DE MORT DE DRACON.
IL REFUSE LA COURONNE EN ÉCHANGE,
ET S'EXPATRIE,
LAISSANT A L'ARÉOPAGE RÉFORMÉ
LE SOIN DE SES LOIX.

L'ÉLOQUENT ISAIE
VA GOURMANDER LES PRINCES
JUSQUE DANS LEURS PALAIS.

DIGNE D'UN PLUS GRAND THÉATRE,
JÉRÉMIE

FAITRETENTIRLESCARREFOURSDE JÉRUSALEM
DE SES SUBLIMES ÉLÉGIES.

LES FURIES
SONT LES MUSES D'ARCHYLOQUE :
SES YAMBES MORDANS
DÉCHIRENT TOUS SES CONTEMPORAINS,
ET NE CORRIGENT PERSONNE.
LA PEINE QU'IL EN PORTE
N'ARRÊTE POINT DANS LA SUITE
HIPPONAX
ET SES IMITATEURS.

PITTACUS
NE S'EMPARE DU RANG SUPRÊME
QUE POUR EN AFFRANCHIR
MYTILÈNE.
ÉPREUVE DÉLICATE !
RARE EXEMPLE !

TYRTÉE
INTRODUIT LES MUSES
DANS LE CAMP DE BELLONE.

SAPHO NAIT POUR L'AMOUR;

VÉNUS SEULE EST SA MINERVE ;
TOUT SON GÉNIE
EST DANS SON CŒUR.

ÉSOPE ET PILPAY,
D'APRÈS LOCKMAN,
COMPROMETTENT LA VÉRITÉ
EN LUI DONNANT UN MASQUE :
QU'ON LEUR PARDONNE !
ILS ÉTOIENT ESCLAVES.
PRESQU'AUSSI-TOT, DANS ATHÈNES,
LE DRAME COMIQUE
NAQUIT DE LA FABLE.

MONSTRE COURONNÉ,
PÉRIANDRE
SE FAIT PLACER AU RANG DES SEPT SAGES,
A COTÉ DE CHILON,
DONT IL N'AVOIT PAS MIS A PROFIT
LA MAXIME FAVORITE :
« CONNOIS-TOI TOI-MÊME ».

CHILON, VIEILLARD FORTUNÉ !
IL MOURUT
DANS LES EMBRASSEMENS

DE SON FILS VAINQUEUR.

PHALARIS
N'EST BRULÉ DANS SON TAUREAU D'AIRAIN,
QU'APRÈS SEIZE ANNÉES
D'UNE TYRANNIE FÉROCE.
DE TOUT TEMS,
LA VERTU DU PEUPLE
FUT LA PATIENCE.

PISISTRATE
VEUT COUVRIR DE FLEURS
LES FERS
QU'IL DONNE A SA PATRIE,
EN RECUEILLANT,
A L'EXEMPLE DE LYCURGUE,
LES CHANTS DISPERSÉS D'HOMÈRE.

MOINS ADROIT
QUE LE FABULISTE DE PHRYGIE,
ANACHARSIS
SCELLE DE SON SANG
LA RÉFORME
QU'IL PROPOSE AUX SCYTHES.

INSTRUIT PAR SON EXEMPLE,

MYSON
FUIT LES HOMMES,
DÉSESPÉRANT DE LES RENDRE MEILLEURS.

ZOROASTRE ET CONFUTZÉE
SONT PLUS HEUREUX
CHEZ LES ORIENTAUX ;
LEUR SIÈCLE ÉTOIT MUR
POUR LA PHILOSOPHIE.

CLÉOBULE,
A SON RETOUR DE L'ÉGYPTE,
MÉRITA LE TITRE DE SAGE,
S'IL MONTRA EN EFFET
UNE ÉGALE RÉPUGNANCE
A COMMANDER
ET A OBÉIR.

BIAS,
LE PLUS SAGE DES SEPT,
PERSUADÉ QUE L'ESCLAVAGE
EST
L'ÉCUEIL DE L'INNOCENCE,
SE REND CHER
AUX VIERGES CAPTIVES,
EN LES RACHETANT.

XIX

LA SCÈNE DRAMATIQUE

S'AGRANDIT DANS ATHÈNES,

ET

FAIT PLACE A LA TRAGÉDIE.

LES TARQUINS, A ROME,

EN FOURNISSENT LE SUJET D'UNE.

LUCRÈCE

LAISSE A SON SEXE

UN MODÈLE

BEAUCOUP VANTÉ,

PEU SUIVI.

MAIS

LE POIGNARD

QUI, DANS SA MAIN,

SERVIT LA PUDEUR,

DEVINT

L'INSTRUMENT DE LA LIBERTÉ

DANS LES MAINS DE BRUTUS.

A CE GRAND NOM,

LA NATURE SE TAIT

ET

N'OSE MURMURER.

DANS LE MÊME TEMS,
ATHÈNES
ÉLÈVE DEUX STATUES
AUX GÉNÉREUX MEURTRIERS
DE SES TYRANS.
ELLE EN MÉRITOIT
UNE TROISIÈME,
CETTE COURTISANE,
QUI SE COUPA LA LANGUE
DANS LA CRAINTE
DE RÉVÉLER LES SECRETS
D'ARISTOGITON ET DE HARMODIUS.

XÉNOPHANES
FAIT SERVIR LE CHARME DES VERS
AUX PROGRÈS DU MATÉRIALISME
RÉDUIT EN PRÉCEPTES ;
IL COMBAT
LES DIEUX D'HÉSIODE ET D'HOMÈRE
AVEC L'ARME DU PERSIFFLAGE.

ANACRÉON
S'IMMORTALISE
PAR DES CHANSONS.

ÉPIMÉNIDE, THÉOGNIS ET PHOCYLIDE
PRÊTENT A LA SCIENCE ET A LA MORALE
LES GRACES DE LA POÉSIE.

PHÉRÉCYDE,
AU CONTRAIRE,
FERME SON ÉCOLE AUX MUSES,
POUR S'EN TENIR A LA RAISON.

PYTHAGORE
MÉRITE A LA PHILOSOPHIE
LES HONNEURS DE LA RELIGION;
SON ÉCOLE DEVIENT UN TEMPLE.
SES DISCIPLES
RENDENT UN CULTE
AU MAITRE.
MAIS
POUVANT PASSER POUR UN DIEU,
IL PRÉFÈRE D'ÊTRE PHILOSOPHE.
ASSEZ HEUREUX
D'AVOIR THÉANO POUR FEMME,
ET
DAMO POUR FILLE.

DANIEL
FAIT QUELQUE CHOSE DE MIEUX ENCORE

QUE SES SEPTANTE SEMAINES PROPHÉTIQUES ;
IL ABSOUT
L'INNOCENCE CALOMNIÉE.

CYRUS
BRILLE UN MOMENT SUR CE GLOBE,
COMME UN MÉTÉORE ;
DIGNE DE SA GLOIRE,
S'IL RESPECTA LA FEMME
DE SON ENNEMI VAINCU.

ESCHYLE
AJOUTE A THESPIS,
ET
OUTRE-PASSE LES BORNES
DE L'ILLUSION THÉATRALE ;
IL CÈDE LA PALME
A DEUX RIVAUX,
AMANS AIMÉS DE MELPOMÈNE ;
L'UN PLUS SUBLIME PEUT-ÊTRE,
C'EST SOPHOCLE :
L'AUTRE, PEUT-ÊTRE PLUS TOUCHANT,
C'EST EURIPIDE.

ÉLÈVE DE SIMONIDE,
PINDARE

DAIGNE PRENDRE ENCORE DES LEÇONS
DE MYRIS,
ET SE LAISSE VAINCRE CINQ FOIS
PAR CORINNE.
POURQUOI TOUJOURS CHANTER
LES JEUX OLYMPIQUES ?
QUE N'ADOUCISSOIT-IL PLUTOT
LES MŒURS TYRANNIQUES
D'HIÉRON !
SIMONIDE, SON MAITRE,
S'IL N'ÉTOIT PAS POÈTE
AUTANT QUE LUI,
SE MONTRA MOINS COURTISAN.

ROME,
DÉLIVRÉE DE SES ROIS,
DEVIENT SOUS SES CONSULS
FÉCONDE EN GRANDS HOMMES.
COCLÈS ET SCŒVOLA
NE FONT PAS PLUS D'HONNEUR
A LEUR SEXE
QUE CLÉLIE AU SIEN.

LOIN DE NOUS LE SCEPTICISME,
QUAND IL S'AGIT DE LA VERTU.

HÉRACLITE
PLEURE SUR NOS MISÈRES ;
DÉMOCRITE
SE MOQUE DE NOS FOLIES,
ET
TOUS DEUX ONT RAISON.
L'HOMME CIVILISÉ
MÉRITE A-LA-FOIS
LES LARMES DE L'UN
ET
LES RIS DE L'AUTRE.
MAIS
NE LUI GARDONS POINT
LA HAINE DE TIMON.
PLUS PHILOSOPHE,
DU MOINS,
PLUS UTILE QU'EUX A SES SEMBLABLES,
HIPPOCRATE
DONNE L'EXPÉRIENCE
POUR COMPAGNE A LA MÉDECINE.
UNE PESTE DANS TOUTE SON HORREUR
FIT BRILLER A-LA-FOIS
SON DÉSINTÉRESSEMENT,
SON PATRIOTISME
ET SON GÉNIE.

RIVAUX DE GLOIRE ET D'INFORTUNE,

ARISTIDE,

A FORCE DE VERTUS,

THÉMISTOCLE,

A FORCE DE QUALITÉS BRILLANTES,

MÉRITENT D'ÊTRE CONDAMNÉS

A L'OSTRACISME.

LEUR SIÈCLE

BALANÇA PEUT-ÊTRE ENTR'EUX;

LA POSTÉRITÉ

A FAIT SON CHOIX.

L'UN N'ÉTOIT QU'UN GRAND HOMME;

L'AUTRE ÉTOIT UN HOMME JUSTE.

MILTIADE,

DIGNE DE LEUR ÊTRE ASSOCIÉ,

PÉRIT

VICTIME DES SOUPÇONS

DE SES COMPATRIOTES OMBRAGEUX.

CIMON, SON FILS,

SOUTIENT SA GLOIRE.

GÉLON,

MONTÉ AU TRONE EN TYRAN,

S'Y MAINTIENT EN PÈRE DE FAMILLE;

IL EST PLEURÉ DES SYRACUSAINS,
COMME DE SES ENFANS.

LA PIÉTÉ FILIALE
L'EMPORTE DANS LE CŒUR DE CORIOLAN
SUR L'AMOUR DE LA GLOIRE ET DE LA VENGEANCE.

HÉRODOTE ÉCRIT ;
LE STYLE DE L'HISTOIRE EST TROUVÉ.
MAIS
ON LUI REPROCHERA TOUJOURS
D'AVOIR SACRIFIÉ TROP SOUVENT
LA VÉRITÉ AUX MUSES.
EN L'ÉCOUTANT,
THUCYDIDE
PROFITE DE SES FAUTES.

LÉONIDAS ET XERCÈS
DONNENT UN GRAND SPECTACLE
A LA TERRE :
TROIS CENTS SPARTIATES DÉFENDENT
LE DÉTROIT DES THERMOPYLES
CONTRE TOUTE LA PERSE ARMÉE.

LE PÈRE DE VIRGINIE
CONSERVE A SA FILLE,

EN LA POIGNARDANT,
SON HONNEUR ET LA LIBERTÉ.

ROME
DEMANDE DES LOIX
A ATHÈNES;
LE CODE DE SOLON
DEVIENT LA LOI DES DOUZE TABLES.

SORTIS DE L'ÉCOLE DE SAMOS,
CHARONDAS ET ZALEUCUS,
TOUS DEUX LÉGISLATEURS,
S'IMMOLENT LES PREMIERS
A LA SÉVÉRITÉ DE LEURS ARRÊTS.

ÉLÈVES DU MÊME MAITRE,
OCELLUS ET TIMÉE
ÉCRIVENT SUR LA NATURE
AVEC TOUTE LA HARDIESSE
D'UN PENSEUR SANS PRÉJUGÉS.

LE PRUDENT MÉLISSUS
S'ABSTIENT DE S'EXPLIQUER
SUR L'EXISTENCE DE DIEU.
PROTAGORE

XXVIII

FAIT UN PAS DE PLUS.
TOUTE LA VIE DE L'HOMME
LUI PAROIT TROP COURTE
POUR DÉCIDER LA GRANDE QUESTION
S'IL EST DES DIEUX.
MAIS
IL OSE PRONONCER
SUR L'AME
QU'IL PLACE TOUTE ENTIÈRE
DANS LES SENS.

EMPÉDOCLE
REND A LA PHILOSOPHIE NATURELLE
LE MÊME SERVICE
QU'HOMÈRE AVOIT RENDU
A L'HISTOIRE ET A LA FABLE :
IL FAIT DAVANTAGE ;
IL REFUSE DE RÉGNER
SUR SA PATRIE.

LEUCIPPE
RANGE LES ATOMES
EN CORPS DE DOCTRINE.

LA TOMBE D'ANAXAGORE

SERT D'AUTEL AU BON SENS,

ET

LE TONNEAU DE DIOGÈNE,

DE TEMPLE A LA VÉRITÉ.

CRATÈS ET HYPPARCHIE

RENCHÉRISSENT ENCORE

SUR LE CYNISME DE LEUR MAITRE.

GLYCÈRE LA COURTISANE

DONNE

A STILPON LE SAGE

L'IDÉE DE RÉFORMER SON ÉCOLE.

DIAGORAS

PROFESSE L'ATHÉISME ;

ET

L'ARÉOPAGE,

INJUSTE CETTE FOIS,

OSE PUNIR UNE OPINION

COMME UN DÉLIT :

CE N'ÉTOIT QU'UN PRÉLUDE.

CE TRIBUNAL

DEVOIT COMMETTRE BIENTOT

DANS LA PERSONNE DE SOCRATE

UNE NOUVELLE INJUSTICE
CONTRE LA PHILOSOPHIE.

PLUS SAGE QUE TOUS CES SAGES,
SOCRATE
RAMÈNE TOUT A LA MORALE,
COMME AU CENTRE COMMUN,
ET
BORNE SES ÉTUDES
A CELLE DU CŒUR HUMAIN.
JOIGNANT
LE PRÉCEPTE A L'EXEMPLE,
QU'IL AGISSE
OU
QU'IL PARLE,
TOUJOURS LE MÊME,
GRAND
DANS LE COURS DE SA VIE,
PLUS GRAND
PEUT-ÊTRE A SA MORT,
ET
JUSTIFIANT L'UNE PAR L'AUTRE;
IL APPROCHA LE PLUS PRÈS
DE LA PERFECTION,
INTERDITE A L'HOMME.

ASPASIE ET ALCIBIADE,
COUPLE AIMÉ DE LA NATURE,
ON NE PEUT VOUS SÉPARER DE SOCRATE.
IL FUT LE DISCIPLE DE LA PREMIÈRE,
ET
LE MAITRE DU SECOND.

QUE DE NOMS ILLUSTRES
SORTIS DE SON ÉCOLE !
SANS COMPTER CRITIAS
QUI LA DÉSHONORA,
LE SAVANT EUCLIDE,
SIMON L'ARTISAN,
CÉBÈS ET PHÈDRE,
LE ZÉLÉ CRITON,
PLATON ET XÉNOPHON,
PÉRICLÈS LUI-MÊME.
LE CARACTÈRE BRILLANT
DE CET HOMME D'ÉTAT
FAIT RÉVOLUTION
DANS ATHÈNES,
ET LUI DONNE UN MOMENT D'ÉCLAT.
CETTE RÉPUBLIQUE,
DEPUIS,
NE PUT QUE DÉCROITRE.

C'ÉTOIT SUR-TOUT LE RÈGNE DES ARTS.

ALORS PHIDIAS

RIVALISOIT LA NATURE.

SORTI DE SON ATELIER,

LE MAITRE DES DIEUX

PARUT AUX YEUX DES GRECS

PLUS GRAND

QUE N'AVOIT PU LE CONCEVOIR

LEUR IMAGINATION.

ALORS POLYCLÈTE

TROUVA

LES VRAIES PROPORTIONS

DU CORPS HUMAIN,

ET EN MODELA LE TYPE SUR

AUX STATUAIRES.

LAISSANT LOIN, DERRIÈRE EUX,

TOUS LEURS PRÉDÉCESSEURS,

LE FIER PARRHASIUS

ET

XEUXIS SON RIVAL,

SE DISPUTOIENT DANS LE MÊME TEMS

LA PALME DU TALENT DE PEINDRE,

PORTÉ PAR EUX A SON COMBLE.
HÉLAS ! LE TEMS
NE RESPECTA QUE LEURS NOMS.

DÉMOSTHÈNES
N'EST PAS LE PREMIER
DES ORATEURS CONNUS ;
L'OR DE PHILIPPE
FUT PLUS ÉLOQUENT.

MAIS
ISOCRATE
ENSEIGNE TOUT−A−LA−FOIS
L'ART DE BIEN DIRE
ET
CELUI DE BIEN FAIRE.
IL PORTE COURAGEUSEMENT
LE DEUIL DE SOCRATE,
ET NE VEUT POINT SURVIVRE
AUX MALHEURS DE SA PATRIE.

THÈBES
DOIT SA GLOIRE
A DEUX GRANDS HOMMES,
RIVAUX AMIS,

ÉPAMINONDAS ET PÉLOPIDAS.

XÉNOPHON
DONNE A L'HISTOIRE
UN NOUVEL INTÉRÊT.
LUI SEUL
AVOIT DROIT D'ÉCRIRE
LA RETRAITE DES DIX MILLE.

LES BEAUX RÊVES DE PLATON
ET
LA MORALE COMPLAISANTE D'ARISTIPPE
N'ADOUCISSENT POINT LE CARACTÈRE
DU ROI DENIS,
QUI POURTANT SE CONNOISSOIT BIEN,
A EN JUGER
PAR L'ÉPÉE DE DAMOCLÈS.

AU TYRAN DE SYRACUSE,
IL NE FALLOIT OPPOSER
RIEN MOINS
QUE LA VERTU COURAGEUSE
DE TIMOLÉON.

PEUPLES,

JALOUX DE VOTRE INDÉPENDANCE,
GARDEZ VACANTE
UNE PLACE DE MAGISTER
DANS UN VILLAGE
POUR LE PREMIER DE VOS DESPOTES;
VOUS N'EN CRAINDREZ PAS UN SECOND.

EN CE TEMS,
DAMON ET PYTHIAS,
TOUS DEUX PYTHAGORICIENS,
PORTENT L'AMITIÉ JUSQU'A L'HÉROISME.

ESDRAS,
EN RÉDIGEANT LA BIBLE,
REND UN SERVICE IMPORTANT
A LA MÉMOIRE DE MOISE.

XÉNOCRATE
RESTITUE A L'ÉCOLE DE PLATON
SA DIGNITÉ,
QU'AVOIT COMPROMISE SPEUSIPPE;
SOURD AUX PROMESSES DES GRANDS,
AVEUGLE A LEURS DONS,
DE MARBRE A COTÉ DE PHRYNÉ,
L'INCORRUPTIBLE SAGE

MÉRITA D'ÊTRE DISPENSÉ DU SERMENT
DANS LES TRIBUNAUX D'ATHÈNES.
UNE SEULE DE SES LEÇONS
CONVERTIT POLÉMON
A LA PHILOSOPHIE.

TÉLÉSILLA,
BEAUTÉ D'ARGOS,
BRILLE
PAR DEUX QUALITÉS
RARES DANS SON SEXE,
LA BRAVOURE ET LA POÉSIE.

EMPRUNTANT LE CISEAU DE SCOPAS,
ARTÉMISE,
PAR SA PIÉTÉ CONJUGALE,
S'IMMORTALISE
DE LA SEULE MANIÈRE
QUI CONVIENNE AUX FEMMES :
TANDIS QU'A ROME,
MINUCIA,
ET SOIXANTE ANS APRÈS
SEXTILIA,
DESCENDENT VIVANTES
DANS LE SÉJOUR DES MORTS,

POUR N'AVOIR PU REMPLIR
UN VŒU
AU-DESSUS DE LEURS FORCES.
LA NATURE
N'ADMET POINT DE VESTALES.

LES HAUTS FAITS DE CAMILLE
CONTRE LES GAULOIS ET LES VOLSQUES,
RASSURENT LES ROMAINS CHANCELANS.
MAIS,
POLITIQUES PROFONDS,
A LEURS BRILLANS SUCCÈS
ILS DONNENT POUR BASE SOLIDE
UNE DISCIPLINE SÉVÈRE.
MANLIUS
FRAPPE DE MORT SON FILS,
VAINQUEUR SANS LES ORDRES DE SON PÈRE.

ALEXANDRE PEUT NAITRE,
ARISTOTE EST NÉ.
GARDONS-NOUS D'ATTRIBUER
AUX LEÇONS DU GOUVERNEUR
LES PASSIONS DE L'ÉLÈVE.
SI UN AUTRE ALEXANDRE
DOIT VOIR ENCORE LE JOUR,

XXXVIII·

QU'IL PLAISE A LA NATURE
DE LE PLACER AUX DERNIERS RANGS!
FILS D'UN PLÉBÉIEN DE PELLA,
ALEXANDRE
N'EUT TROUBLÉ QUE SA FAMILLE;
ENFANT D'UN ROI DE MACÉDOINE,
IL BOULEVERSA LE MONDE. ·

MALHEUR AU SAGE
QUI HANTE LES PRINCES,
SANS ÊTRE COURTISAN!
QU'IL S'ATTENDE
AU SORT DE CALLISTHÈNES!
MALHEUR AUX COURTISANS EUX-MÊMES,
S'ILSOUBLIENTUNSEULINSTANTLEURROLE!
QU'ILS LISENT LEUR ARRÊT
DANS LE SANG DE CLYTUS!

ENFIN, LA MORT,
POUR DONNER AUX HOMMES
UNE GRANDE LEÇON,
FRAPPE
DU MÊME COUP, ET A LA MÊME HEURE,
LE PLUS PAUVRE DES PHILOSOPHES,
ET

LE PLUS SUPERBE DES CONQUÉRANS.

A TRENTE-TROIS ANS,

ALEXANDRE EST EMPOISONNÉ;

RASSASIÉ DE LA VIE,

DIOGÈNE

MEURT DE VIEILLESSE

AU SEIN DE L'AMITIÉ.

LE CYNIQUE

FONDA DU MOINS UNE ÉCOLE

DONT, ENCORE AUJOURD'HUI,

ON CITE UTILEMENT LES MAXIMES;

L'AMBITIEUX

NE LAISSE APRÈS LUI QUE SON NOM

ET SON PORTRAIT,

GRACE AUX PINCEAUX D'APELLE.

MOINS HEUREUX QU'ARISTOTE,

IL N'A PAS LA CONSOLATION,

EN MOURANT,

DE TROUVER UN THÉOPHRASTE

QUI PRENNE SOIN DE SA GLOIRE,

ET

TRANSMETTE A LA POSTÉRITÉ

LES FRUITS

DE SES GLORIEUX TRAVAUX.

LE COLOSSE EST DÉMEMBRÉ.

RÉDUITE EN DÉBRIS,

LA COURONNE D'UN SEUL

PÈSE

SUR LA TÊTE DE PLUSIEURS.

PTOLÉMÉE ET ANTIGONUS,

CASSANDRE ET LISIMAQUE,

D'AUTRES ENCORE ET LEURS SUCCESSEURS,

RICHES DES DÉPOUILLES

DU MAITRE COMMUN,

SE DÉTRUISENT RÉCIPROQUEMENT

PAR DE PETITES GUERRES

PEU DIGNES

DES CRAYONS DE L'HISTOIRE.

ELLE AIME MIEUX S'ARRÊTER UN MOMENT

SUR ANAXARQUE,

PHILOSOPHE

MÊME A LA TABLE D'ALEXANDRE,

ET

JUSQUE DANS LE MORTIER DE NICOCRÉON.

A CE SAGE,

ON DOIT PYRRHON,

QUI, EN DOUTANT DE TOUT,

NOUS APPRIT DU MOINS
A NE PAS TOUT CROIRE.
ARCÉSILAS ET CARNÉADE
MARCHENT SUR SES TRACES,
MAIS NE VONT PAS SI LOIN.
ARISTON,
DU DOUTE
PASSE
A UNE DOUCE INSOUCIANCE.

EVHEMÈRE,
LEUR CONTEMPORAIN,
OSE DÉMONTRER
QUE LES DIEUX
SONT SORTIS DU CERVEAU DES HOMMES.
STRATON
TIRE LA MÊME CONSÉQUENCE
DE L'ÉTUDE DE LA NATURE.

PLUS RECOMMANDABLE ENCORE,
LE PAISIBLE MÉNÉDÈME
PROUVE ET FAIT AIMER
SA DOCTRINE PAR SES MŒURS.

DÉMÉTRIUS, DE PHALÈRE,

DU MÊME ŒIL,
SE VOIT HONORÉ ET PRIVÉ
DE TROIS CENT SOIXANTE STATUES.
LE PEUPLE EST INCONSTANT,
QUAND IL N'EST PAS INGRAT.

LE LABORIEUX CLÉANTHE,
PHILOSOPHE-PRATIQUE,
VIT DE SES BRAS
PLUS QUE DE SA PENSÉE.
EXEMPLE TROP PEU SUIVI !

CALLIMAQUE ET APOLLONIUS,
MOSCHUS ET BION,
THÉOCRITE SUR-TOUT,
SOUTIENNENT LA GLOIRE
DES MUSES GRECQUES ;
TANDIS QU'APELLE,
PEINTRE MORALISTE,
EXÉCUTE AVEC SES COULEURS
LE PLUS BEAU TRAITÉ DE LA CALOMNIE.

QUELLE VICTOIRE
VAUT
UN TEL TABLEAU ?

CONQUÉRANS SUPERBES,
CÉDEZ LE PAS AUX TALENS.

ET VOUS, ARTISTES,
IMITEZ PROTOGÈNES ;
IL NE VOULUT POINT
SOUILLER SON PINCEAU,
EN REPRODUISANT LES SCÈNES SANGLANTES
DE LA VIE D'ALEXANDRE.

MÉNANDRE
ÉPURE LA SCÈNE COMIQUE
DONT, AVANT LUI, ARISTOPHANES
AVOIT FAIT UNE ARÈNE,
OU
LE VICE ET LA VERTU
EXPIROIENT INDISTINCTEMENT
SOUS L'ARME DU RIDICULE.

ZOILE,
AUSSI MÉCHANT, MOINS GAI,
NE LAISSE POINT
UN EXEMPLE ENCOURAGEANT
A SES SUCCESSEURS TROP NOMBREUX.
LE GOUT SÉVÈRE D'ARISTARQUE

OFFRE UN MODÈLE
PLUS DIFFICILE A SUIVRE.

ROME,
AUX FOURCHES CAUDINES,
REÇOIT UNE TACHE.
QUE DE SANG ELLE VERSERA
POUR L'EFFACER !
LA CONQUÊTE DES SAMNITES
DOIT LUI COUTER
UN DEMI-SIÈCLE DE COMBATS.

PAUL ÉMILE
SE MONTRE TOUT-A-LA-FOIS
HÉROS HUMAIN
ET
STOICIEN SENSIBLE.
IL TROUVE EN MÊME TEMS
DANS MÉTRODORE
UN BON PEINTRE
POUR SON TRIOMPHE MACÉDONIQUE,
ET UN BON PHILOSOPHE
POUR L'ÉDUCATION DE SES ENFANS.

LE TALENT D'ENNIUS,

PÈRE DE LA POÉSIE LATINE,

NE TARDE PAS A VIEILLIR.

PACUVIUS ET LUCILIUS

COMPOSENT, A SON EXEMPLE,

DES VERS AUSSI DURS

QUE LES VÉRITÉS QU'ILS RENFERMENT.

PYRRHUS ET ANNIBAL

FIXENT TOUTE L'ATTENTION

DES ROMAINS,

QUI LEUR OPPOSENT

LE SAGE FABIUS

ET

LE VERTUEUX CURIUS,

ET

LE GRAND RÉGULUS,

ET

SCIPION, PLUS GRAND ENCORE

PAR SA CONTINENCE.

DIGNES DE CORNÉLIE, LEUR MÈRE,

LES GRACCHES

SONT IMMOLÉS,

VICTIMES DE LEUR AMOUR

POUR LA PATRIE.

A CES NOMS BRILLANS
QUI FIRENT TANT DE BRUIT
PARMI LES NATIONS,
ET
QUI TIENNENT TANT DE PLACE
DANS LEURS ANNALES,
JOIGNONS
CYNÉAS,
DIGNE CONSEILLER DE SON ROI,
ET PRINCIPALEMENT
ÉPICURE.

SAGE PAR EXCELLENCE,
L'ÉGAL PEUT-ÊTRE DE SOCRATE,
ÉPICURE OSA NIER
LA PROVIDENCE DES DIEUX,
POUR LAISSER AUX MORTELS
TOUT LE MÉRITE DE LEURS ACTIONS.
MAIS
IL TINT ÉCOLE DE VERTU
SOUS L'ENSEIGNE DU PLAISIR,
ET
VOULUT QUE DANS SES JARDINS
LA SAGESSE
FUT UNE ROSE SANS ÉPINES.

SA MORALE DEVINT
LA PHILOSOPHIE DES GRACES.
LA NINON D'ATHÈNES,
LÉONTIUM,
PREND SA DÉFENSE
CONTRE THÉOPHRASTE.

LE STOICISME, EN VAIN,
VOUDROIT LUI ENLEVER SES SECTATEURS;
LA NATURE ELLE-MÊME,
QU'ÉPICURE CONSULTOIT SEULE,
PREND SOIN TOUS LES JOURS
DE LUI FAIRE DES ÉLÈVES.

DE L'ABUS DU MOT
A L'EXCÈS DE LA CHOSE,
IL N'EST QU'UN PAS.
N'OUBLIONS JAMAIS
QUE LE SAGE AIMABLE
QUI PRÊCHOIT LA VOLUPTÉ,
VIVOIT
LE PLUS TEMPÉRANT
DES HOMMES.

EN CES TEMS-LA,
JÉSUS, FILS DE SYRACH,

DONNOIT A LIRE
A SES CONTEMPORAINS DE JUDÉE
UN LIVRE SAGE
DONT ILS NE SURENT POINT PROFITER.

TANDIS QUE LA GRÈCE
TOUCHOIT AU FAITE
DE LA GLOIRE ET DE LA CIVILISATION,
LA CHINE
SE VOYOIT MENACÉE
DE LA BARBARIE.

A LA MÊME ÉPOQUE
OU LES PTOLÉMÉE
DRESSOIENT A GRANDS FRAIS
UNE IMMENSE BIBLIOTHÈQUE,
L'EMPEREUR TCHINVANG
FAISOIT LA GUERRE AUX LIVRES,
ET
CONDAMNOIT AU FEU
CES CENSEURS IMPORTUNS
DES MAUVAIS ROIS.

L'INSENSÉ !
IL ÉTOIT LACHE AUSSI;

C'EST CE PRINCE
QUI CRUT SE METTRE A L'ABRI DES TARTARES,
EN ÉLEVANT ENTR'EUX ET LUI
UNE LONGUE MURAILLE.

POLYBE,
HISTORIEN ET HOMME D'ÉTAT,
SE REND AUSSI CHER
AUX ENNEMIS DE SA PATRIE
QU'A SES COMPATRIOTES.

LES MALHEURS DE SYRACUSE
FONT BRILLER LE GÉNIE INVENTIF
D'ARCHIMÈDE.
ISSU DU SANG ROYAL,
IL PRÉFÈRE
LE COMPAS AU SCEPTRE,
ET MEURT
MARTYR DES SCIENCES.

HIÉRON
FAIT AIMER LA ROYAUTÉ
AUX SYRACUSAINS,
ET NE DÉDAIGNE PAS D'ÉCRIRE
SUR L'AGRICULTURE.

PHILOPŒMÈNE
RAPPELLE LES BEAUX JOURS DE LA GRÈCE.
SON HÉROISME COUTA CHER.
PAR LUI
LES LOIX DE LYCURGUE SONT ABOLIES ;
ET
SPARTE SE DONNE A ROME.

LES ROMAINS EUX-MÊMES,
VAINQUEURS DES PEUPLES D'ASIE,
SE LAISSENT CORROMPRE
PAR LES VAINCUS,
ET
PERDENT LEURS MŒURS,
EN GAGNANT DES PROVINCES.

L'HONNEUR ET LA VERTU
SEMBLENT AVOIR DÉSERTÉ ROME,
DU MOMENT
QUE CORDUS L'ARCHITECTE
LEUR EUT BATI UN TEMPLE.

CATON LE CENSEUR
S'OPPOSE EN VAIN
AU RELACHEMENT DE SES CONCITOYENS ;

SA SÉVÉRITÉ
RÉVOLTE ET N'AMENDE POINT.
IL LEUR FAUT DES SPECTACLES ;
ET LES SAILLIES
PLUS OU MOINS HEUREUSES
DE PLAUTE
SONT TOUTES APPLAUDIES PAR EUX
SUR LE THÉATRE.

PLUS CHATIÉ DANS SES EXPRESSIONS,
MAIS MOINS DRAMATIQUE,
TÉRENCE
OCCUPE LES LOISIRS
DE SES ILLUSTRES CONTEMPORAINS,
ENTRAINÉS PAR L'EXEMPLE
DES DEUX GRANDS SCIPIONS,
ET PEU TOUCHÉS
DES VERTUS SIMPLES
DE SCIPION NASICA.

MITHRIDATE
LUTTE CONTRE LA PUISSANCE ROMAINE,
SI CE N'EST AVEC AVANTAGE,
DU MOINS AVEC GLOIRE,
ET

TROUVE DES SUJETS ASSEZ DÉBONNAIRES
POUR SE PRÊTER
A SES PLANS AMBITIEUX.

IL FUT TROP PUNI,
EN MOURANT PAR L'ORDRE DE PHARNACE,
SON FILS.
LES CRIMES
NE COUTENT RIEN AUX HOMMES D'ÉTAT.
UN HOMME D'ÉTAT N'A POINT DE PÈRE.

JUGURTHA
ATTACHÉ AU CHAR DE SON VAINQUEUR,
EXPIE
PAR UNE MORT IGNOMINIEUSE
LES BRILLANS FORFAITS DE SA VIE.

LE FOIBLE NICOMÈDE
LÈGUE AUX ROMAINS
LA BITHINIE,
ET
DISPOSE DE TOUT UN PEUPLE,
COMME D'UN HÉRITAGE.

SPARTACUS,
ESCLAVE ET GLADIATEUR

PAR LE HASARD DE LA NAISSANCE,

S'INDIGNE DE SERVIR CEUX

DONT IL EST AU MOINS L'ÉGAL

PAR LE COURAGE ;

IL FAIT PALIR SES MAITRES,

ET MEURT EN HOMME.

SERTORIUS,

PLUS AVEC SON OR

QU'AVEC SA BICHE,

PRÉLUDE AUX PROSCRIPTIONS.

ALORS,

QUE DE NOMS TROP FAMEUX

INSCRITS EN CARACTÈRES DE SANG

SOUILLENT LES PAGES DE L'HISTOIRE !

MARIUS ET SYLLA,

CATILINA,

CÉSAR ET POMPÉE,

TOUS HÉROS

NÉS POUR LE MALHEUR

DE LEURS COMPATRIOTES.

ROME,

EN PROIE A CES BRIGANDS,

DEMANDE EN VAIN UN DÉFENSEUR,

DANS CICÉRON ;

CATON MÊME

AIME MIEUX MOURIR.

BRUTUS

SE CHARGERA DE LA VENGEANCE.

AH !

DÉROBONS PLUTOT

CETTE ÉPOQUE FATALE

A LA MÉMOIRE DES HOMMES,

ET NE LAISSONS PAS

A CEUX

QUE LA FAUSSE GLOIRE ENIVRE,

L'ESPOIR

DE FAIRE PARLER D'EUX

LONG-TEMS.

QUE MARIUS,

FILS D'UN PATRE,

MASSACRE

DEUX CENT MILLE TEUTONS

ET

CENT MILLE CIMBRES !

QUE SYLLA

SE MESURE AVEC LES SAMNITES,

ET LES SUBJUGUE!

QUE POMPÉE

S'EXERCE CONTRE LE LACHE TIGRANE,

ET

RECULE LES LIMITES DE L'EMPIRE!

QUE CÉSAR

PÉNÈTRE DANS LES GAULES,

DANS LA GERMANIE,

ET

JUSQU'EN ANGLETERRE;

CHARGÉ DE DÉPOUILLES ET DE TROPHÉES,

SES COMMENTAIRES A LA MAIN,

QU'IL DEMANDE POUR SALAIRE

D'ÊTRE LE PREMIER

LA

OU LA LOI

NE SOUFFRE QUE DES ÉGAUX.

TOUTES CES ACTIONS D'ÉCLAT,

QU'ON ADMIRE EN GÉMISSANT,

NE FONT PAS SANS DOUTE

AUTANT D'HONNEUR A L'HUMANITÉ

QUE LES BEAUX PLAIDOYERS

DE L'ORATEUR ROMAIN.
UNE PAGE
DE SES ÉCRITS PHILOSOPHIQUES
VAUT MIEUX
QUE LA VICTOIRE DE PHARSALE.
AU TALENT DE BIEN PARLER,
QUE NE JOIGNIT-IL AU MÊME DEGRÉ
CELUI D'AGIR !

SI CATON ET CICÉRON
N'EUSSENT FAIT
QU'UN,
QUEL HOMME C'EUT ÉTÉ !

SUPÉRIEUR MÊME AU SAGE D'UTIQUE,
BRUTUS
SUT MOURIR COMME LUI,
MAIS
NE MOURUT POINT
AVANT D'AVOIR SOUTENU
LES DROITS
DE L'ESPÈCE HUMAINE.

TOUTE CONSIDÉRATION
S'ÉCLIPSE POUR LUI

DEVANT LA CAUSE COMMUNE.

LA VOIX

DE LA PATRIE EXPIRANTE

L'EMPORTE DANS SON CŒUR

SUR LE CRI

DE LA NATURE OUTRAGÉE;

ET

LE FILS DE CÉSAR,

EN PLEURANT SON PÈRE,

PLONGE SANS REMORDS

LE POIGNARD DE LA LIBERTÉ

DANS LE SEIN DU TYRAN.

HONTE ET MALHEUR AU LACHE

QUI NE VERROIT QUE DEUX FANATIQUES

DANS CATON ET BRUTUS!

EH! POURQUOI LA VERTU

N'AUROIT-ELLE PAS AUSSI

DES VENGEURS,

COMME ELLE A DES MARTYRS?

FILLE ET FEMME

DE CES DEUX GRANDS HOMMES,

PORCIA

SUT ÉLEVER SON SEXE
AU NIVÉAU
DE SON PÈRE ET DE SON ÉPOUX;
PENDANT QUE LA FIDELLE MARIAMNE
ÉTOIT INDIGNEMENT IMMOLÉE
AUX SOUPÇONS INJURIEUX
DU CRÉDULE HÉRODE.

FAUTEUR DU DESPOTISME,
MARC-ANTOINE,
PLAIDANT LA CAUSE
DE JULES-CÉSAR ASSASSINÉ,
CROIT PLAIDER LA SIENNE,
ET SANS LE SAVOIR
APPLANIT LE CHEMIN DU TRONE
A CÉSAR AUGUSTE.

UN SECOND TRIUMVIRAT,
PIRE QUE LE PREMIER,
PORTE LE DERNIER COUP
A LA LIBERTÉ ROMAINE.
L'UNIVERS A UN MAITRE!
IL FAUT DES MAITRES
AUX HOMMES-PEUPLES.

SI QUELQUE CHOSE
PEUT CONSOLER DE LA SERVITUDE,
CE SONT LES ARTS.
TANDIS QUE LE GÉNIE RÉPUBLICAIN
MURMUROIT TOUT BAS,
TANDIS QUE L'HUMANITÉ
SOUPIROIT DANS LE SILENCE,
L'ESPRIT HUMAIN,
COMPRIMÉ PENDANT LES GUERRES CIVILES,
REFLEURIT.

VARRON
ÉTONNE LES ROMAINS PAR SON SAVOIR,
ET
RÉDIGE LES LOIX DE L'AGRICULTURE,
BASE DES EMPIRES.

HORTENSIUS
BALANCE LA RENOMMÉE DE CICÉRON.
CELUI-CI NE ROUGIT PAS
DE PRENDRE DES LEÇONS
DE ROSCIUS,
DONT LES MŒURS
ENNOBLISSOIENT LA PROFESSION.

LX

LUCULLUS,
CHER AUX ARTISTES,
FAIT PARDONNER SON LUXE
PAR LE NOBLE EMPLOI DE SES RICHESSES.

COTTA ET ATTICUS
OUBLIENT DANS LES BRAS DE LA PHILOSOPHIE
LES DISSENSIONS POLITIQUES.

NI PYRRHONIEN,
NI DOGMATIQUE,
LE SAGE POTAMON
FAIT SON CHOIX,
ET NE VEUT POINT
D'ENSEIGNE NI DE LIVRÉE.

POËTE DE LA RAISON,
LUCRÈCE
CHASSE LES DIEUX DE LEURS TEMPLES,
POUR Y PLACER ÉPICURE.

CATULLE, TIBULLE ET PROPERCE
SE FONT LIRE DES AMANS;
OVIDE,
TROP FÉCOND PEUT-ÊTRE,
LEUR DONNE UN CODE.

HORACE

PLAIT A TOUS LES LECTEURS,

PARCE QU'IL PREND TOUS LES TONS.

VIRGILE,

CHASTE AMI DES MUSES,

EN OBTIENT TOUT,

SANS LES VIOLER.

TEL FUT

LE SIÈCLE D'AUGUSTE,

OU PLUTOT

LE SIÈCLE DE MÉCÈNE;

ÉPOQUE HEUREUSE

POUR LES TALENS,

FATALE AUX VERTUS!

MAIS

UN BARBARE DU NORD

OPÈRE

UNE RÉVOLUTION,

PLUS GRANDE ENCORE ET PLUS RAPIDE

QUE CELLE

DE CÉSAR ET D'AUGUSTE.

ODIN,
CONQUÉRANT ET LÉGISLATEUR,
PONTIFE ET DIEU
DES SCANDINAVES,
FONDE DANS L'EDDA
UNE RELIGION DE SANG;
IL PRÉPARE AUX ROMAINS
LEURS PLUS REDOUTABLES ENNEMIS,
ET
AU RESTE DE LA TERRE OPPRIMÉE,
DES VENGEURS.

SECONDE ÉPOQUE.

JÉSUS-CHRIST.

BÉTHLÉEM
PROMET UN MAITRE
A ROME.
LE FILS D'UN ARTISAN
SE DISPOSE A DICTER LA LOI
AUX EMPEREURS.
LA POLITIQUE HAUTAINE
VA SUBIR LE JOUG
DE L'HUMBLE IGNORANCE.

AUGUSTE CEPENDANT,
RASSASIÉ DE GLOIRE
ET
CHARGÉ DE CRIMES D'ÉTAT,
MEURT,
TROMPÉ PAR SA FEMME,
DÉSHONORÉ PAR SA FILLE,
PRIVÉ DE SES ENFANS,
ET
LAISSANT A UN ÉTRANGER

L'HÉRITAGE DU MONDE,
QU'IL ACHETA PEUT-ÊTRE TROP CHER
A CE PRIX;
PLUS GRAND ET PLUS HEUREUX SANS DOUTE,
S'IL EUT CÉDÉ A LA SAGESSE
DU CONSEIL D'AGRIPPA.

LE RÈGNE DE TIBÈRE
FAIT REGRETTER,
ET
LES PROSCRIPTIONS,
ET
LES DEUX TRIUMVIRATS,
ET
LES GUERRES CIVILES.

EUT-ON RAMENÉ A LA PROVIDENCE
ÉPICURE,
EN LUI APPRENANT
QUE TIBÈRE DEVOIT VIVRE
DEUX FOIS AUTANT
QUE GERMANICUS?

L'ESPÈCE HUMAINE CIVILISÉE
SEROIT-ELLE

UN BÉTAIL DOMESTIQUE ?
TIBÈRE LE PENSOIT.
LE CRÉDULE TITE-LIVE
ET
PATERCULUS LE FLATTEUR
ET
VALÈRE-MAXIME
ÉCRIVENT ALORS POUR LA POSTÉRITÉ,
QUI DOIT LES LIRE
AVEC PLUS DE PRÉCAUTION
QUE STRABON.

PHÈDRE
FAIT REVIVRE ÉSOPE.
SOUS UN TYRAN OMBRAGEUX,
LA VÉRITÉ
A BESOIN DU MASQUE DE LA FABLE.

EN CE TEMS-LA,
PIERRE A ROME,
PAUL DANS ATHÈNES,
VONT APPRENDRE ET PROUVER
A L'UNIVERS
QU'UN DIEU EST MORT,
QU'UN HOMME EST RESSUSCITÉ.

ILS OPPOSENT DANS L'ÉVANGILE
L'ADULTÈRE
D'UNE ÉPOUSE JUIVE
A LA CHASTETÉ DES DAMES ROMAINES,
LE SCANDALE
D'UNE VIERGE DEVENUE MÈRE
A LA VERTU DES FILLES DE VESTA,
ET ENFIN
LA FOLIE DE LA CROIX
A LA SAGESSE DES ANCIENS.

LE SABAT FAIT PLACE AU DIMANCHE;
MOTS BIZARRES
DONT SE MOQUÈRENT D'ABORD
LES NATIONS SAVANTES.
DE TOUTES LES ÉPOQUES RELIGIEUSES,
AUCUNE
N'A FAIT ENCORE HONNEUR
A LA RAISON
DES HOMMES DEVENUS PEUPLE.

RENONÇANT
AU DÉMON DE LA PROPRIÉTÉ,
DES HABITANS D'ANTIOCHE,
SOUS LE NOM DE CHRÉTIENS,

VIVENT EN FRÈRES.

LES AGAPES

DE LA PRIMITIVE ÉGLISE

FONT REVIVRE

LES MŒURS PATRIARCHALES

DES PREMIERS TEMS;

AGE HEUREUX!

TOUT SE CORROMPT.

LE BAISER DE PAIX

DEVIENT BIENTOT UN CRIME,

ET

LES SŒURS AGAPÈTES

DÉGÉNÈRENT EN FEMMES SUSPECTES.

MOINS COUPABLE QUE TIBÈRE,

CALIGULA

RÈGNE EN FURIEUX

QU'IL FALLOIT LIER,

OU

FAIRE GUÉRIR PAR CELSE.

COMMENT LE SÉNAT COMPLAISANT

N'A-T-IL POINT ÉLU EMPEREUR

A SA PLACE,

SON CHEVAL,

DÉJA NOMMÉ PONTIFE

ET

DÉSIGNÉ CONSUL ?

LE STUPIDE CLAUDE,

VIEIL ENFANT COURONNÉ,

SE LAISSE DÉBARRASSER DU FARDEAU

D'UNE VIE HONTEUSE

PAR L'IMPUDIQUE MESSALINE.

LA NOMMER, C'EST LA PEINDRE.

MAIS

LA FEMME DE PŒTUS,

ARRIE,

ÉTOIT CONTEMPORAINE.

ÉTRANGER

A CE SIÈCLE DE TURPITUDE,

COLUMELLE

SE LIVRE A L'AGRICULTURE,

ET

DONNE A SES PRÉCEPTES

UN NOUVEAU CHARME

PAR SON STYLE.

NÉRON

FAIT RÉGNER AVEC LUI

LXIX

TOUS LES VICES.
LA MORT DE BRITANNICUS
ÉTOIT LE PRÉLUDE
DE CELLE D'AGRIPPINE.

DANS LA CARRIÈRE DU CRIME,
QUAND ON VA
JUSQU'AU MEURTRE DE SA MÈRE,
ON NE S'ARRÊTE
QUE FAUTE DE VICTIMES ;
SUR-TOUT
SI LE SÉNAT ET LE PEUPLE
SONT ASSEZ VILS
POUR APPROUVER,
SONT ASSEZ LÂCHES
POUR APPLAUDIR
UN MONSTRE.

ALORS, L'ÉDUCATION
PERD SES AVANTAGES,
MÊME
SUR L'ÉLÈVE
DE BURRHUS ET DE SÉNÈQUE.

SOUS CE RÈGNE,

OCTAVIE

SUBIT LE MÊME SORT QUE POPPÉE.

PERSE,

LE POÈTE DES MŒURS,

PÉRIT EN MÊME TEMS QUE PÉTRONE,

LE PEINTRE DU PLAISIR.

LE CHANTRE DE LA LIBERTÉ,

LUCAIN,

FIDÈLE A SA VOCATION,

CONSPIRE ET MEURT

AVEC PISON ET CORNUTUS.

SORANUS ET THRASÉAS

PAYENT LEUR PROBITÉ

DE LEUR VIE.

TANDIS QUE TYRIDATE

RACHÈTE LA SIENNE ET UN SCEPTRE

PAR SES BASSESSES.

BURRHUS ET CORBULON

TROUVENT DANS LE TRÉPAS

LE PRIX DE LEURS SERVICES.

SÉNÈQUE,
PLUS RECOMMANDABLE PAR SA MORT
QUE PAR SES ÉCRITS VERBEUX,
A LA DOUCE CONSOLATION
DE VOIR
CONFONDUS DANS LE MÊME BAIN,
SON SANG ET CELUI DE SA FIDELLE PAULINE.

ENFIN,
EXCITÉ PAR VINDEX,
GALBA
FORCE NÉRON A QUITTER LA VIE
AVEC LA COURONNE.
C'EST LE SEUL SERVICE
QU'IL RENDIT AU MONDE.
IL NE SUT POINT
FAIRE OUBLIER TOUT-A-FAIT
SON PRÉDÉCESSEUR.

OTHON,
VITELLIUS PIRE ENCORE,
ONT A PEINE LE TEMS
DE S'ASSEOIR SUR LE TRONE.

MAIS
L'INFATIGABLE VESPASIEN

RÈGNE ET MEURT

DEBOUT.

ROME

TRIOMPHE DE JÉRUSALEM.

MAIS

LE BATAVE ET LA GERMANIE

SECOUENT LE JOUG

SOUS LA CONDUITE DE CIVILIS.

TITUS

JUSTIFIE LE PEUPLE

D'AVOIR UN MAITRE.

IL AJOUTE

AUX SAGES DESSEINS DE SON PÈRE,

ET

NE LAISSE RIEN A DESIRER

AU MODÈLE

QU'IL DONNE D'UN PRINCE ACCOMPLI.

TROIS FLÉAUX

AFFLIGENT SON RÈGNE PASSAGER,

ET

METTENT A L'ÉPREUVE

SON AME EXPANSIVE.

UN INCENDIE ET LA PESTE

SUCCESSIVEMENT

RAVAGENT ROME.

LE VÉSUVE

EMBRASE PLUSIEURS CITÉS DE LA CAMPANIE,

FAIT DISPAROITRE HERCULANUM,

ET

ENLÈVE A LA NATURE

SON HISTORIEN.

PAR LES VERTUS ET LA VALEUR

D'AGRICOLA,

L'ÉCOSSE ET L'IRLANDE,

A L'EXEMPLE DE LA GRANDE-BRETAGNE,

DEVIENNENT PROVINCES ROMAINES.

NE SEROIT-ON PAS TENTÉ DE CROIRE

A L'INSOUCIANCE

DU DIEU D'ÉPICURE?

TITUS

N'A QUE DEUX ANS

POUR RÉGNER ;

DOMITIEN

EN OBTIENT QUINZE
POUR TYRANNISER.

PEUPLES !
ATTENDEZ-VOUS A TOUT
DE LA PART DES PRINCES
A QUI VOUS PERMETTEZ TOUT.

CELUI-CI SE CRUT UN DIEU,
AVEC QUELQUE RAISON ;
LES HOMMES ÉTOIENT A SES YEUX
COMME LES INSECTES
QU'IL MARTYRISOIT POUR SON PLAISIR.
LE SÉNAT
ATTENDIT SA MORT
POUR LE PUNIR ;
IL ÉTOIT TROP TARD.
LA PATIENCE DES GOUVERNÉS
ENHARDIT LES GOUVERNANS.

EN CE TEMS PARUT
APOLLONIUS DE THYANE,
PERSONNAGE DIGNE DES AUTELS,
S'IL N'EUT POINT FAIT DE MIRACLES.

CEPENDANT

JUVÉNAL

FORÇOIT LES MUSES

A SE CHARGER DE LA CENSURE

DES MŒURS PUBLIQUES;

LE POÈTE

ÉVEILLOIT LE REMORDS

AU SEIN DES TYRANS.

DE SON COTÉ,

TACITE

PEIGNOIT LES HOMMES

TELS QU'ILS SONT.

POURQUOI

NE RESSEMBLENT-ILS PAS, TOUS,

AU PORTRAIT D'AGRICOLA,

OU DES GERMAINS?

QUINTILIEN

DÉVELOPPE TOUTES LES RESSOURCES

DE L'ÉLOQUENCE,

ET FRONTIN

TOUTES LES RUSES DE LA GUERRE.

UN GRAND MOUVEMENT

AGITE L'ASIE ORIENTALE.

LES CHINOIS
CHASSENT LES HUNS DE LA TARTARIE.
L'EUROPE
N'EN PRÉVIT PAS DÈS-LORS
TOUTES LES SUITES.

BON, MAIS FOIBLE,
NERVA
N'ÉTOIT POINT A SA PLACE
SUR LE TRONE.

NERVA N'OFFROIT EN LUI
QU'UN HOMME PROBE;
ET
LE TRONE VEUT UN GRAND HOMME,
TEL QUE TRAJAN:
PRINCE POPULAIRE,
SANS CESSER D'ÊTRE EMPEREUR,
AUSSI RECOMMANDABLE DANS LES DÉTAILS
QUE DANS L'ENSEMBLE
DE SON ADMINISTRATION;
IL FUT LOUÉ
PAR LE PLUS HONNÊTE DES ORATEURS,
MAIS NON PAR LE PLUS ÉLOQUENT.

LXXVII

TANDIS QUE LE POÈTE MARTIAL
SE PERMETTOIT TROP DE LICENCE
POUR ÊTRE AVOUÉ
DES GENS DE BIEN ET DES GENS DE GOUT,
LE BON PLUTARQUE
OFFROIT DANS SES SAVANS ÉCRITS
UNE BIBLIOTHÈQUE ENTIÈRE
A L'USAGE DE TOUS LES LECTEURS.

L'EMPIRE ROMAIN
DEVIENT LE PRIX D'UN ADULTÈRE.
PAR LES SOINS DE PLOTINE,
A TRAJAN
SUCCÈDE ADRIEN.

MÉLANGE DE BIEN ET DE MAL,
ON NE DOIT PEUT-ÊTRE SES VERTUS
QU'A SA JALOUSIE SECRETTE
CONTRE SON PRÉDÉCESSEUR.

POLITIQUE ADROIT,
CE N'EST POINT AVEC LE GLAIVE
QU'IL CONTIENT LES FANATIQUES,
MAIS AVEC LE RIDICULE.

PAR SES ORDRES,

L'IMAGE D'UN POURCEAU

SOUILLA

LA PORTE DU TEMPLE DE JÉRUSALEM.

LES MYSTÈRES D'ADONIS

FURENT CÉLÉBRÉS

DANS L'ÉTABLE DE BÉTHLÉEM,

ET

VÉNUS EUT UN AUTEL

SUR LE CALVAIRE.

LA MORT PHILOSOPHIQUE D'ADRIEN

COMPENSE UN PEU

SA FOIBLESSE POUR ANTINOUS.

DE SON TEMS,

ŒNOMAUS,

QUOIQUE NÉ EN PALESTINE,

OSOIT DÉMONTRER

LE CHARLATANISME DES ORACLES.

ENFIN

L'UNIVERS

PEUT AVOUER UN MAITRE.

SOCRATE REVIT ET RÈGNE

SOUS LE NOM D'ANTONIN ;

MAIS

LE MARI DE XANTIPPE

N'EUT POINT ÉLEVÉ DE TEMPLE

A FAUSTINE.

PEUPLES ,

S'IL VOUS FAUT DES DIEUX ,

FAITES DU MOINS QU'ILS RESSEMBLENT

A ANTONIN OU A MARC-AURÈLE.

MARC-AURÈLE ,

HEUREUX ET TOUT-A-FAIT IRRÉPROCHABLE,

S'IL N'EUT POINT ÉTÉ PÈRE.

SES ACTIONS ET SES ÉCRITS

FURENT

DANS LA PLUS RARE CONCORDANCE.

C'ÉTOIT ÉPICTÈTE SUR LE TRONE.

NATIONS FOIBLES ET SANS CARACTÈRE !

SI VOUS NE POUVEZ VOUS PASSER DE ROIS ,

EN LEUR LAISSANT PRENDRE

LE SCEPTRE D'UNE MAIN ,

QU'ILS TIENNENT DANS L'AUTRE

LE LIVRE DE MARC-AURÈLE ,

LXXX

AFIN QU'ILS APPRENNENT
A SE COMMANDER
POUR ÊTRE DIGNES
DE SE FAIRE OBÉIR !

ALORS,
PTOLÉMÉE
AJOUTOIT AUX LUMIÈRES ET AUX ERREURS
D'HYPPARQUE,
ET
DONNOIT LE PAS A LA TERRE
SUR LE SOLEIL.

GALIEN
SE LIVROIT A DES ÉTUDES PLUS UTILES.
AIDÉ DE LA NATURE ET D'HIPPOCRATE,
IL RÉDIGEOIT DES PRÉCEPTES DE SANTÉ,
GARANTIS
PAR SA PROPRE EXPÉRIENCE
ET
SA LONGUE VIEILLESSE.

C'EST A CETTE ÉPOQUE
QUE DU SEIN DE L'ESCLAVAGE,
ÉPICTÈTE

S'ÉLEVA AU-DESSUS DES FOIBLESSES HUMAINES.

HÉLAS!

TANDIS QUE DES CHARLATANS INSPIRÉS

FONDENT UNE RELIGION,

SA MORALE SUBLIME

NE FAIT PAS MÊME SECTE.

ON SE CONTENTA D'ACHETER SA LAMPE;

MAIS

IL N'Y AVOIT PLUS D'HUILE.

FILS D'ANTONIN LE PHILOSOPHE,

SANS DOUTE

PAR UN ÉCART DE LA NATURE,

COMMODE,

PENDANT DOUZE ANNÉES,

PROFESSE LE CRIME SUR LE TRONE.

LUCIEN ALORS

AVOIT LE COURAGE DE DÉRIDER

LE FRONT DE LA PHILOSOPHIE,

ET

FAISOIT EXPIRER

LES PRÉJUGÉS RELIGIEUX

SOUS LA VERGE DE L'IRONIE.

PERTINAX
RÈGNE QUELQUES JOURS ;
MAIS ASSEZ
POUR SE FAIRE REGRETTER.

SEPTIME SÉVÈRE
EST TOUT CE QUE PEUT ÊTRE,
NON PAS UN HOMME,
COMME IL S'EN VANTOIT EN MOURANT,
MAIS UN PRINCE.

CARACALLA,
SON FILS ET SON MEURTRIER
S'IL EUT PU,
PORTE AU COMBLE
LES FORFAITS DE SON PÈRE,
ET
NE SAIT POINT LES PALLIER,
COMME LUI,
PAR DE BELLES QUALITÉS.
SON CODE EST SON GLAIVE.

GÉTA, SON FRÈRE,
EN FUT LA PREMIÈRE VICTIME ;
ET

LE DOCTE PAPINIUS
PAYA DE SA TÊTE
SA FRANCHISE GÉNÉREUSE.

MACRIN
N'EUT JAMAIS DU SORTIR
DE SON OBSCURITÉ.

EMPEREUR A QUINZE ANS,
ET
DÉJA CONSOMMÉ DANS LE CRIME,
HÉLIOGABALE
SOUILLE ET ENSANGLANTE LE SCEPTRE,
DONT IL SE JOUE
COMME D'UN HOCHET;
PLUS EXCUSABLE QUE LE PEUPLE,
ASSEZ LACHE POUR OBÉIR
A UN ENFANT MAL ÉLEVÉ.

ALEXANDRE SÉVÈRE
PURGE LE TRONE IMPÉRIAL;
JEUNE ENCORE,
IL CONSULTE LES SAGES.
SENSIBLE AU MÉRITE,
PAR-TOUT OU IL LE RENCONTRE,

ORPHÉE ET ABRAHAM,
APOLLONIUS ET JÉSUS,
OBTIENNENT TOUR-A-TOUR
DE LUI
UN GRAIN D'ENCENS.
IL AUROIT PU CHOISIR MIEUX.

VAINQUEUR SUCCESSIVEMENT
DES PERSES ET DES GERMAINS,
CE PRINCE JUSTE
PÉRIT
DE LA MORT DES TYRANS.

MAXIMIN,
JADIS CHEF DE VOLEURS,
NE CROIT POINT AVOIR CHANGÉ D'ÉTAT
EN DEVENANT CHEF DE L'EMPIRE;
BÊTE FÉROCE
QU'IL FALLOIT MUSELER,
ET NON COURONNER.

A QUATRE-VINGTS ANS,
ON SAIT LE PRIX DES HONNEURS;
LE VIEILLARD GORDIEN,
PROCLAMÉ EMPEREUR

LXXXV.

MALGRÉ LUI,
HATE LE DERNIER MOMENT
DE SA TROP LONGUE CARRIÈRE,
NE POUVANT SURVIVRE A SON FILS.

DIGNE REJETON
D'UNE TIGE AUSSI BELLE,
GORDIEN LE JEUNE
FAIT
CE QUE SON AYEUL
N'AVOIT PAS EU LE TEMS DE FAIRE,
ET
N'EN EST PAS PLUS HEUREUX.
A QUOI DONC SERT LA VERTU?

PHILIPPE
ACHÈTE ET PERD
LE TRONE
PAR UN ASSASSINAT.

DÈCE ET GALLUS
NE SONT NI PLUS FORTUNÉS,
NI PLUS DIGNES DE L'ÊTRE.

PRINCES
AUSSI AFFLIGEANS POUR L'HUMANITÉ

QUE LA CONTAGION
QUI RAVAGEA L'EUROPE
A CETTE TRISTE ÉPOQUE.

TROP FOIBLE
POUR LE FARDEAU D'UNE COURONNE,
VALÉRIEN
PAYA CHER LES HONNEURS DE LA POURPRE.
APRÈS AVOIR SERVI DE MARCHE-PIED
A SON ENNEMI VAINQUEUR,
IL EXPIRE DANS LES TOURMENS,
ET
N'EST PAS MÊME VENGÉ
PAR SON FILS.

GALIEN
N'AIMOIT A RÉGNER
QUE SUR DES FEMMES.
LE SCEPTRE DU PLAISIR
CONVENOIT SEUL A SES MAINS DÉBILES.

LA PLUME DE L'HISTOIRE
SE REFUSE AU SOUVENIR
DE CES TEMS VOUÉS A L'OUBLI.

ROME,
VILE PROSTITUÉE,
S'ABANDONNE
A DES MAITRES PLUS VILS QU'ELLE ENCORE;
DES BARBARES IMPUNIS
L'INSULTENT ET LA DÉMEMBRENT.

L'EMPIRE ROMAIN
N'EXCITE PLUS QUE LE MÉPRIS;
ET
LE RESTE DE LA TERRE
N'INSPIRE QUE LA PITIÉ.

PLOTIN ET PORPHIRE
RETARDENT DE QUELQUES INSTANS
LA RUINE DE LA PHILOSOPHIE,
ATTAQUÉE DE TOUTE PART,
EN PROIE
A DES PRÉJUGÉS NOUVEAUX
QUI FONT DÉJA AUTORITÉ
CONTRE ELLE.

PAUL DE SAMOSATE,
ÉVÊQUE D'ANTIOCHE,
CÉLÈBRE PAR SON ÉLOQUENCE

ET

SES LUMIÈRES,

ENSEIGNE A ZÉNOBIE,

ET

PERSISTE A CROIRE LUI-MÊME

QUE JÉSUS

N'EST QU'UN HOMME

NÉ D'UNE FEMME.

ÉLÈVE DES MAGES,

MANÈS

MET EN CRÉDIT LA DOCTRINE

DES DEUX PRINCIPES,

PAR LES AGRÉMENS DE SA FIGURE

ET

PAR L'AUSTÉRITÉ DE SES MŒURS.

CELSE EST AUX PRISES

AVEC TERTULIEN.

ORIGÈNE

SE MUTILE POUR ÊTRE TOUT ESPRIT

CONTRE SES ADVERSAIRES MATÉRIALISTES.

PALLADIUS

S'OCCUPE PLUS UTILEMENT ;

IL POSE LES PRINCIPES
DE L'ÉCONOMIE RURALE.

CLAUDE II
EFFACE LA FLÉTRISSURE
ATTACHÉE A SON NOM.
LA PESTE
L'ENLÈVE TROP TOT
A L'EMPIRE.
IL RÈGNE ASSEZ POUR SA GLOIRE.

SON FRÈRE
PRÉFÈRE LA MORT A UN TRONE
QU'IL EUT FALLU DISPUTER.

NÉ AU VILLAGE,
AURÉLIEN
MÉRITOIT LA PREMIÈRE PLACE
DANS LA CAPITALE DU MONDE.
VAINQUEUR
DE TOUS LES ENNEMIS DE L'EMPIRE,
LA MAJESTÉ ROMAINE
BRILLA TOUTE ENTIÈRE
SUR SON CHAR DE TRIOMPHE,

ATTELÉ

DE TOUTES LES NATIONS.

MAIS

L'AMOUR DES PEUPLES,

MIEUX QUE LA GLOIRE,

LUI EUT SERVI D'ÉGIDE....

POURQUOI PUNIR LONGIN

DU COURAGE DE ZÉNOBIE ?

QUE L'AMBITIEUX AILLE MÉDITER

SUR LES RUINES DE PALMIRE !

LE PAISIBLE ET SAGE TACITE,

EN SIX MOIS DE RÈGNE,

FAIT PLUS

POUR LE BONHEUR DE SES SUJETS,

QUE SON PRÉDÉCESSEUR

EN CINQ ANNÉES.

SON FRÈRE, FLORIEN,

A LE TEMS A PEINE

D'ESSAYER LA COURONNE ;

IL LA LAISSE PASSER A PROBUS,

TEINTE DE SON SANG.

CELUI-CI,

DIGNE EN MÊME TEMS

ET DE SON NOM

ET DE SA HAUTE DESTINÉE,

RÉUNIT EN SA PERSONNE

LE GÉNIE D'UN HÉROS,

LE COURAGE D'UN SOLDAT.

SON ROLE BRILLANT FUT COURT.

ON NE LE LUI LAISSA PAS ACHEVER.

CARUS,

NÉ A NARBONNE,

ÉLU PAR SON MÉRITE

A LA PREMIÈRE PLACE DE L'EMPIRE,

N'EUT PAS A SE PLAINDRE DES HOMMES;

LE COUP QUI LE FIT PÉRIR

NE VENOIT PAS D'EUX.

SES FILS

NE FONT QUE PAROITRE;

ILS CÈDENT LA PLACE

A DIOCLÉTIEN.

EMPEREUR DE FORTUNE,

DIOCLÉTIEN NE DUT QU'A LUI

CE QU'IL FUT.
IL AUROIT PU SE PASSER
DES COLLÈGUES QU'IL SE DONNA.
IL FIT UNE PLUS GRANDE FAUTE,
EN PERSÉCUTANT LES CHRÉTIENS.
C'ÉTOIT MAL CONNOITRE
LE CŒUR HUMAIN.
LE SANG DES SECTAIRES
FÉCONDE LES SECTES.

QU'ON LUI PARDONNE
DE S'ÊTRE FAIT ADORER COMME UN DIEU,
PUISQU'IL EUT LE COURAGE
DE RENONCER AUX HONNEURS DIVINS
APRÈS LES AVOIR GOUTÉS !
MAIS
SA RETRAITE A SALONE
N'EST PEUT-ÊTRE
QU'UN TRAIT DE PRUDENCE.

EN CE TEMS,
ARIUS,
HOMME AUSTÈRE, INSTRUIT, ÉLOQUENT,
POUR SE FAIRE SUIVRE DU PEUPLE,
MET EN CHANSONS

SA DOCTRINE,
ET MÉRITE
TOUTE L'ATTENTION DE L'ÉGLISE
ASSEMBLÉE POUR LA PREMIÈRE FOIS
EN CONCILE GÉNÉRAL
A NICÉE.

HIÉROCLÈS
OPPOSE LES MIRACLES D'APOLLONIUS
A CEUX DU CHRIST :
MIEUX QU'EUSÈBE ET LACTANCE,
L'IMPÉRATRICE HÉLÈNE,
MÈRE DU PRINCE RÉGNANT,
CONFOND LE PHILOSOPHE,
EN RENDANT ELLE-MÊME
HOMMAGE AU CALVAIRE.

LE CHRISTIANISME
DOIT TOUT A SON FILS.
CONSTANTIN
LE PLACE SUR LE TRONE,
ET
LE PREND SOUS SA GARDE.
MAIS

IL PORTE LE DERNIER COUP
A L'EMPIRE.

DÉSESPÉRANT DE CONSERVER
A LA VILLE DE ROME
SA SPLENDEUR PREMIÈRE,
IL L'ABANDONNE A SES SEULES FORCES,
ET
LUI ÉLÈVE UNE RIVALE.

DÉSORMAIS
L'ORIENT ET L'OCCIDENT
AURONT CHACUN
UN MAITRE.
QUELS MAITRES !

LES TROIS ENFANS DE CONSTANTIN
ONT PEINE
A GOUVERNER L'HÉRITAGE DE LEUR PÈRE.

ÉCHAPPÉ
AU MASSACRE DOMESTIQUE,
JULIEN ,
CHARGÉ DE TROPHÉES MILITAIRES,
RÉUNIT DANS SA MAIN

LES DEUX SCEPTRES ;
SA TÊTE
SUFFIT AU POIDS
D'UNE DOUBLE COURONNE ;
LA PHILOSOPHIE SEULE
LUI ENSEIGNE L'ART DE RÉGNER.
LA PLUME ET L'ÉPÉE
LUI SONT ÉGALEMENT FAMILIÈRES.

AMI DE CE GRAND PRINCE,
PHOTIN,
IRRÉPROCHABLE DANS SA CONDUITE
ET
CÉLÈBRE PAR SES TALENS,
S'OBSTINOIT
A NE VOIR QU'UN MORTEL
DANS JÉSUS, FILS DE MARIE.

A CETTE ÉPOQUE,
LES FRANCS
FORMENT UN CORPS DE NATION,
AINSI QUE LES GERMAINS
ET LES BRETONS.
DEPUIS LONG-TEMS,
ILS HARCELOIENT

LA PUISSANCE ROMAINE ;
ET
SOUVENT VAINCUS,
ILS APPRENOIENT A VAINCRE.

LES AUTRES PEUPLES
NE SONT CONNUS QUE PAR LEURS DÉFAITES.
A QUOI BON COMPROMETTRE
LA DIGNITÉ DE L'HISTOIRE,
PAR LE RÉCIT
DE TOUTES CES GUERRES
ENTRE DES HORDES DEMI-BARBARES ?

POURQUOI DONNER DE L'IMPORTANCE
A TOUS CES MENUS FAITS ?
QU'EN EST-IL RÉSULTÉ
POUR LA GLOIRE ET LE BIEN
DE L'ESPÈCE HUMAINE ?

ALORS AUSSI LES SCIENCES
NE PRODUISOIENT PLUS RIEN
DIGNE DE MÉMOIRE.
IL Y AVOIT LOIN
SANS DOUTE
D'IAMBLIQUE ET DE CHALCIDIUS

A PLATON,
DE THÉMISTIUS
A ARISTOTE,
D'ORIBASE
A HIPPOCRATE,
DE LIBANIUS
A CICÉRON.

SERVIUS ET DONAT
COMMENTENT VIRGILE,
PERSONNE NE POUVANT L'IMITER.
VÉGÈCE
APPREND AUX HOMMES
L'ART DE SE DÉTRUIRE.
HÉLAS !
ILS NE LE SAVENT QUE TROP
PAR EUX-MÊMES.

LA MORT PRÉMATURÉE DE JULIEN
DÉLIVRE LE CHRISTIANISME
DU PLUS ADROIT DE SES ENNEMIS.

JOVIEN
NE FAIT QUE MONTER

SUR LE TRONE
ET EN DESCENDRE.

SES QUATRE SUCCESSEURS
GROSSISSENT LA LISTE DÉJA TROP LONGUE
DES EMPEREURS,
ET
MÉRITENT A PEINE D'ÊTRE NOMMÉS.

POUR LA DERNIÈRE FOIS,
L'EMPIRE ROMAIN
N'A QU'UN MAITRE.

THÉODOSE,
QUE TRAJAN
N'EUT PAS TOUJOURS DÉSAVOUÉ,
PORTE LUI SEUL AVEC GLOIRE
UN SCEPTRE
QUI DUT PESER
AUX MAINS DE SES ENFANS.

PAR LUI,
TOUS LES TEMPLES DU PAGANISME
SONT FERMÉS;
L'ORDRE DES VESTALES,
ABOLI

XCIX

APRÈS ONZE CENTS ANS D'EXISTENCE,
FUT MAL REMPLACÉ
DEPUIS.

EN VAIN QUINT-CURCE
OFFRE
A SES CONTEMPORAINS
LE PORTRAIT D'ALEXANDRE.
L'AGE DES HÉROS ÉTOIT PASSÉ;
ON NE L'EUT POINT REGRETTÉ,
S'IL EUT FAIT PLACE
AU SIÈCLE DES BONS PRINCES.

DANS CES TEMS FACHEUX,
LES DIFFÉRENS PEUPLES DE LA TERRE
VIVOIENT
DANS UNE FERMENTATION GÉNÉRALE,
IMPATIENS DU JOUG,
MAIS
INCAPABLES DE SE GOUVERNER.

APRÈS QUATRE SIÈCLES D'OSCILLATIONS,
ENFIN,
LA RELIGION CHRÉTIENNE
SE CONSOLIDE SUR SES BASES.

LE GÉNIE DES PÈRES DE L'ÉGLISE.

L'EMPORTE

SUR LE PAGANISME,

QUI TOMBE DE VÉTUSTÉ.

AINSI QUE LES EMPIRES,

LES ERREURS

N'ONT QU'UN TEMS.

POURQUOI FAUT-IL

QUE L'UNE

SUCCÈDE TOUJOURS

A L'AUTRE?

POUR LA SECONDE FOIS,

L'ÉGLISE

S'ASSEMBLE EN CONCILE GÉNÉRAL

A CONSTANTINOPLE:

QU'IL DUT LUI EN COUTER

DE CONDAMNER ET DE PUNIR

MACÉDONIUS

HÉTÉRODOXE, MAIS HOMME DE BIEN!

ROME

PERD A-LA-FOIS

SES DIEUX ET SES PROVINCES.

LES PEUPLES
QU'ELLE APPELOIT DES BARBARES,
SE VENGENT DE SES MÉPRIS.

LA MAITRESSE DU MONDE,
ÉPUISÉE PAR SES PERTES,
CHARGÉE D'ANNÉES,
CHANCELANTE SOUS SON PROPRE POIDS,
LAISSE RAVIR
A QUI VEUT S'EN EMPARER
LES PLUS BEAUX RAYONS
DE SA COURONNE.

AU SEUL NOM
DES SARRASINS ET DES PERSES,
DES PICTES ET DES BRETONS,
DES ALAINS ET DES VANDALES,
DES HUNS ET DES VISIGOTHS,
ELLE TREMBLE,
ET CHERCHE EN VAIN UN DÉFENSEUR
CONTRE ALARIC.

LE CAPITOLE
DEVIENT LE BUT
OU VISENT

TOUTES LES NATIONS
LASSES DE SERVIR.

ARCADE ET HONORIUS,
PEU FAITS POUR EN IMPOSER,
TROP INFÉRIEURS A LEUR RANG ÉLEVÉ,
S'OCCUPENT DE PETITS DÉTAILS,
ET NÉGLIGENT L'ENSEMBLE.

LES FRANÇAIS,
ENCORE ALORS LA NATION DES FRANCS,
PEUPLE LIBRE,
COMPOSÉ DE PLUSIEURS TRIBUS
LIGUÉES DE TEMS IMMÉMORIAL
CONTRE LES ROMAINS,
ET QUI JAMAIS
NE PASSÈRENT SOUS LE JOUG,
LES FRANÇAIS,
SOUS LA CONDUITE DE PHARAMOND
LEUR GÉNÉRAL,
ET
LE PREMIER DE SA RACE,
FRANCHISSENT LE RHIN,
ET

POSENT LEUR CAMP
DANS LES GAULES.

ILS EMPRUNTENT AUX SALIENS
CETTE LOI FAMEUSE,
QUI DÉFEND AUX FEMMES
DE S'ASSEOIR SUR LE TRONE,
QU'ELLES S'EN SONT BIEN DÉDOMMAGÉES !

PEU APRÈS,
CLODION,
A LA TÊTE DE SES BRAVES,
S'AVANCE
JUSQU'AUX RIVES DE LA SOMME.
ILS RENCONTRENT
AÉTIUS, GÉNÉRAL DE L'EMPIRE.
LEUR VALEUR NATURELLE
NE PUT TENIR
CONTRE LA TACTIQUE ROMAINE.
DU MOINS, LES VAINCUS
ÉTONNÈRENT
LES VAINQUEURS.

EN CE TEMS,
LE ROI DES HUNS,

CELUI-LA QUI SE DISOIT
LE FLÉAU DE DIEU,
ACCOURT
DU FOND DE LA SCYTHIE,
ET
MENACE PARIS,
QUI N'A POUR SAUVE-GARDE
QU'UNE PASTOURELLE.

MÉROUÉE ET THÉODORIC,
SOUTENUS PAR AÉTIUS,
L'ARRÊTENT UN MOMENT DANS SA COURSE.
BEAUCOUP DE SANG COULE.

VAINQUEUR OU VAINCU,
ATTILA
REMPLAÇOIT SUR LA TERRE
LE GÉNIE DU MAL.

TOUT L'OR DES EMPEREURS
NE PEUT ASSOUVIR SA RAGE.
IL DÉVORE
TOUT CE QU'IL RENCONTRE,
ET NE SE REPOSE
QU'AUX THERMOPYLES.

ENCORE UN PEU DE TEMS,
ET
IL EUT ÉPUISÉ L'UNIVERS
D'HOMMES.
CETTE VERGE DE DIEU,
(IL SE DÉSIGNOIT AINSI)
CHANGEOIT EN DÉSERTS
LES CITÉS LES PLUS POPULEUSES.

ATTILA N'EUT QU'UN TEMS.
CE MARTEAU QUI FRAPPOIT LE MONDE,
EST BRISÉ LUI-MÊME.
CE RIVAL DE LA MORT
MEURT,
AU SEIN DU PLAISIR,
DANS LES BRAS D'UNE FEMME.

LE COLOSSE TOMBÉ,
NE LAISSA PAS MÊME DE DÉBRIS
APRÈS SA CHUTE.

CEPENDANT CHILDERIC,
QUE LES FERS DES HUNS
N'AVOIENT PAS RENDU PLUS SAGE,
ÉTOIT OBLIGÉ

DE CONQUÉRIR SON ROYAUME.
CLOVIS L'ÉCLIPSA.

UN GRAND ÉVÉNEMENT,
DÈS LONG-TEMS PRÉPARÉ,
CHANGE LA FACE DE LA TERRE.
L'HISTOIRE
EN CONSERVE AVEC PEINE
DANS SES FASTES
LA TROP HONTEUSE ÉPOQUE.

AUGUSTULE
LAISSE ÉCHAPPER
DE SES MAINS INEPTES
L'EMPIRE DU MONDE
FONDÉ PAR AUGUSTE.

UN ROI DES HÉRULES,
ODOACRE,
UN ROI DES VISIGOTHS,
THÉODORIC,
RÈGNENT A ROME.

L'ITALIE
OBÉIT AUX LOMBARDS :

RÉVOLUTION

MOINS FACHEUSE EN ELLE-MÊME

QUE PAR SES SUITES.

QU'IMPORTE LE JOUG

DES TURCILINGES

OU

DES ROMAINS !

MAIS IL IMPORTE

AU BONHEUR DES HOMMES

QU'ILS TENDENT A DEVENIR

MEILLEURS !

CE GRAND COUP

LES REPLONGEA

DANS LES TÉNÈBRES DE L'IGNORANCE

ET

DANS LES HORREURS DE LA BARBARIE.

UNE STUPIDITÉ FÉROCE

REMPLAÇA

L'ATTICISME D'ATHÈNES

ET

L'URBANITÉ ROMAINE.

LES PRÉJUGÉS LES PLUS GROSSIERS,
S'EMPARANT DE L'ESPRIT HUMAIN,
EN EFFACÈRENT
LA MORALE ÉPURÉE
ET
LA PHILOSOPHIE SUBLIME
DES BEAUX JOURS
DE LA GRÈCE ET DE ROME.

REDEVENUES SAUVAGES,
LES NATIONS
VÉGÈTENT DANS L'APATHIE,
INSENSIBLES AUX CHEFS-D'ŒUVRE
DU GÉNIE ET DES ARTS.

ÉTRANGÈRE A CETTE CALAMITÉ,
OCCUPÉE DE SES SEULS INTÉRÊTS,
L'ÉGLISE
MET A PROFIT
LE BOULEVERSEMENT GÉNÉRAL.
D'AILLEURS,
LA RIGIDITÉ DE SES DOGMES
EST TROP PEU FAVORABLE
A LA POÉSIE ET AUX TALENS.

CIX

EN VAIN
PROCLUS ET SIMPLICIUS
VEULENT ARRÊTER
CE DÉBORDEMENT,
EN FACILITANT LA LECTURE
D'ARISTOTE ET DE PLATON.

BOÈCE
NE CONSOLE
QUE LES LECTEURS PEU DIFFICILES.

CLAUDIEN
FAIT REGRETTER DAVANTAGE
LE SIÈCLE D'HOMÈRE,
ET AVIÉNUS
CELUI DE PHÈDRE.

AUSONE
SOUILLE LA MUSE DE VIRGILE,
EN SE PARANT DE SES DÉPOUILLES.

SI LES DEUX EUDOXIE
SE DISTINGUENT,
C'EST PAR UNE ÉRUDITION
QUI SIED MAL A LEUR SEXE.

CLOVIS,

VAINQUEUR DE SIAGRIUS,

NE SAIT POINT ÊTRE GÉNÉREUX;

ET NE MARCHE PAS TOUJOURS DROIT

DEVANT LA SAGESSE ET L'HUMANITÉ.

LA JUSTICE

NE LUI REMET SES BALANCES

QUE POUR LES PETITES CHOSES.

L'AMBITION ET LA FAUSSE GLOIRE

ÉTOIENT SES IDOLES.

A TOLBIAC,

IL COMPOSE AVEC LE CIEL;

ET

FIDÈLE A SON VŒU,

IL LAVE,

DANS LES EAUX DU BAPTÊME,

SES MAINS

TEINTES DU SANG DES ALLEMANDS.

CLOVIS CONVERTI,

N'EN DEVIENT PAS PLUS PACIFIQUE.

L'ÉGLISE

LE CHARGE DE SES VENGEANCES;

IL EST LA COLONNE DE FER
DU CHRISTIANISME.

LE SANG DES VISIGOTHS,
DANS LES PLAINES DE VOUGLÉ,
DOIT CIMENTER LES FONDEMENS
DE LA BASILIQUE DE SAINT-PIERRE
PROMISE A PARIS.

ON CITE DES MIRACLES;
CLOVIS POUVOIT S'EN PASSER.
SON GLAIVE
FUT LE DIEU
QUI LE DÉLIVRA DE SES ENNEMIS.

CEPENDANT LES OSTROGOTHS,
SOUS LES ORDRES D'HIBBA,
IMMOLENT
TRENTE MILLE FRANÇAIS
AUX MANES DE LEURS COMPATRIOTES.
ÉPOUVANTABLES RÉCIPROCITÉS !

CLOVIS VAINCU,
S'EN DÉDOMMAGE LACHEMENT

SUR SES PARENS ET SES ALLIÉS.
ENFIN, IL EXPIRE.

EN CES TEMS-LA,
BENOIT
DANS L'OCCIDENT,
A L'EXEMPLE DE BASILE
DANS L'ORIENT,
DEVIENT LE FONDATEUR
DES ORDRES MONASTIQUES :
CETTE PÉPINIÈRE,
UTILE ET PRÉCIEUSE D'ABORD,
DONNA DEPUIS
BIEN DES REJETONS PARASITES.

LES RELIGIEUX MODERNES
OUBLIÈRENT TROP TOT
LES ANCIENS THÉRAPEUTES
ET
LES SOLITAIRES DE LA THÉBAIDE.

MÉDARD,
L'ÉVÊQUE DE NOYON,
SE REND ENCORE PLUS CHER
A LA POSTÉRITÉ,

EN INSTITUANT UNE ROSIÈRE
A SALENCI;
FONDATION PLUS BELLE
QUE CELLE D'UN EMPIRE
OU D'UN CULTE!

LA CHENILLE,
QUI NE FILOIT LA SOIE
QUE POUR L'INDE SEULE,
NATURALISÉE EN EUROPE,
PRÉPARE DÈS-LORS
LES JOURS BRILLANS DU LUXE
EN FRANCE.

EN CE MÊME TEMS,
UN USAGE PLUS PRÉCIEUX ENCORE
COMMENCE A FLEURIR,
ET
DISPOSE DE LOIN
AU SIÈCLE DES LUMIÈRES.
LES FRANÇAIS
FONT ENTRER DANS LE COMMERCE
LE PAPYRUS D'ÉGYPTE,
AVANT-COUREUR
DE L'ÉPOQUE LA PLUS IMPORTANTE

A L'ESPRIT HUMAIN :
L'INVENTION
DE L'ART TYPOGRAPHIQUE !

L'ORIENT
CONSERVOIT TOUJOURS
LE GOUT DES BONNES LETTRES.

MAIS SOUS ANASTASE,
LES PERSES ET LES BULGARES
GLACENT D'EFFROI
TOUS LES ESPRITS.

VENGEUR DE ROME,
JUSTINIEN,
GRACE A LA VALEUR
DE BÉLISAIRE ET DE NARSÈS,
AU FOND DE SON PALAIS,
VAINQUEUR DE SES PLUS PUISSANS ENNEMIS,
VEUT ÊTRE LE LÉGISLATEUR
DE SON VASTE EMPIRE.

TRIBONIEN
MET DANS SON CODE
PLUS DE STYLE

QUE DE RAISON ;
ET L'EMPEREUR
NE PRATIQUE PAS LUI-MÊME
LES LOIX
QU'IL DICTE A SES PEUPLES.

BÉLISAIRE,
L'INSTRUMENT DE SA GLOIRE,
NE TROUVE QU'UN INGRAT
DANS SON PRINCE.
IL DEVOIT S'Y ATTENDRE.
APRÈS AVOIR COMBATTU, ET TRIOMPHÉ
POUR LUI
DE GILIMER ET DE TOTILA,
(TOTILA, ROI GOTH,
MAITRE DE ROME !)
CE GÉNÉRAL,
VIEUX, AVEUGLE ET PAUVRE,
TROUVE A PEINE
UN ENFANT POUR LE CONDUIRE,
ET DES AUMONES
POUR ACHEVER SA VIE TROP LONGUE.

EXEMPLE MÉMORABLE
A CITER DANS LES COURS !

CXVI

LAISSONS A PROCOPE
LE SOIN DE DIRE LE RESTE,
ET
D'ENTRER DANS DES DÉTAILS
QUI SOUILLEROIENT LES MURAILLES
DU TEMPLE DE MÉMOIRE.

TROISIÈME ÉPOQUE.

MAHOMET.

LA MECQUE
PRÉPARE UN MAITRE
A CONSTANTINOPLE ;
UN CONDUCTEUR DE CHAMEAUX
VA FAIRE PALIR
LES EMPEREURS.

LES SUCCESSEURS DE JUSTINIEN,
TROP PETITS POUR LE RANG SUPRÊME,
N'EN POUVOIENT SOUTENIR
LA GLOIRE.

EN PERSE,
LES FILS DE NOUSHIRVAN,
PEU DIGNES D'UN TEL PÈRE,
S'ÉPUISOIENT AUSSI
PAR DES GUERRES CIVILES.

UNE POIGNÉE DE BRIGANDS,
A LA TÊTE

DE PLUSIEURS HORDES DEMI-SAUVAGES,
BOULEVERSENT
LES PLUS BELLES PROVINCES ROMAINES.
LES DÉBRIS
FORMENT DE PETITS ÉTATS,
RIVAUX L'UN DE L'AUTRE.

ORIGINAIRES DE LA GERMANIE,
LES LOMBARDS
ATTIRÉS EN ITALIE,
Y FONDENT UN EMPIRE.

LES ANGLOIS,
DANS LA SUITE
SI JALOUX DE LEUR LIBERTÉ,
SOUFFRENT D'ABORD SEPT TYRANS.

LA FRANCE,
DIVISÉE ENTRE PLUSIEURS ROIS,
CÈDE AU MAUVAIS GÉNIE
DE FRÉDÉGONDE ET DE BRUNEHAUT.
LA CONDUITE DE CES DEUX FEMMES
JUSTIFIOIT ET RENDOIT VAINE
EN MÊME TEMS
LA LOI SALIQUE.

TEMS FÂCHEUX
QUI DEMANDOIENT LE PINCEAU DE TACITE,
ET NON LA TOUCHE GROSSIÈRE
DE L'ÉVÊQUE DE TOURS !

LA MAIN IMPURE DE PHOCAS
AFFERMIT LA CHAIRE DE SAINT PIERRE ;
PAR SES ORDRES ,
LE PANTHÉON D'AGRIPPA
N'EST PLUS
QUE LA ROTONDE DE MARIE.

HÉRACLIUS
MÉRITE L'EMPIRE ,
EN LE DÉLIVRANT DE CE MONSTRE ;
MAIS
LE VAINQUEUR DE COSROÈS
NE FIT PLUS RIEN DE GRAND
AUSSI-TOT QU'IL FUT THÉOLOGIEN.

LE SCEPTRE
DOIT DIRIGER L'ENCENSOIR ,
SANS Y TOUCHER.

LA RELIGION CHRÉTIENNE,
FORTE

DE LA FOIBLESSE GÉNÉRALE,
PROFITE DE TOUT,
ET
POSE SES AUTELS
SUR LES RUINES DES TRONES.

ELLE PÉNÈTRE MÊME
JUSQUE CHEZ LES BRETONS,
AVEC LE TEMS
DEVENUS MOINS CRÉDULES.

MAIS
UNE RIVALE S'ÉLÈVE,
PRÉCÉDÉE DE SOLDATS
ET
SUIVIE DE HOURIS :
LES ARABES,
INDOMPTABLES JUSQU'A CE MOMENT,
SONT DOMPTÉS PAR ELLE.

MÉDINE
RECONNOIT UN DESPOTE,
QU'ELLE APPELLE SON PROPHÈTE.

MAHOMET,
L'ODIN DE L'ORIENT,

SOUMIT PAR SON ÉPÉE

CEUX

QUE SON GÉNIE NE PERSUADOIT PAS.

HABILE DANS L'ART

DE PROFITER DES CIRCONSTANCES,

NE SACHANT LIRE

QUE DANS LE CŒUR HUMAIN,

LE SEUL GRAND HOMME DE SON SIÈCLE,

IL NE CRAIGNIT POINT DE RIVAUX.

SON ASCENDANT

AVOIT POUR BASE

L'IGNORANCE UNIVERSELLE.

IL MEURT,

PLEIN DE GLOIRE,

LAISSANT POUR MONUMENT

UNE RELIGION

ET

UN EMPIRE.

SON TRÉPAS

MIT LE SCEAU

A SA VIE.

L'IMPULSION EST DONNÉE.

L'ESPRIT DU FONDATEUR

PASSE DANS L'AME
D'ABUBÉKER ET D'OMAR.

FRUIT PARASITE
DE LA BIBLE ET DE L'ÉVANGILE,
LE CORAN
DEVIENT LE CODE
RELIGIEUX ET POLITIQUE
DU TIERS DES HOMMES;
ET L'HÉGIRE
COMPTE DÉJA DOUZE SIÈCLES.

CES SUCCÈS SONT DUS
PRINCIPALEMENT AUX SARRASINS,
PORTANT LE MAHOMÉTISME
AVEC LEURS ARMES,
DANS L'ÉGYPTE ET DANS L'ESPAGNE,
DANS L'ITALIE ET JUSQU'EN FRANCE.

PAR-TOUT VAINQUEURS,
ET
TOUJOURS DIGNES DE VAINCRE,
SI
LA BIBLIOTHÈQUE D'ALEXANDRIE
N'EUT POINT ÉTÉ INCENDIÉE
PAR EUX!

CE PEUPLE DE GUERRIERS
MÉRITE
D'OCCUPER PRESQUE A LUI SEUL
TOUT LE CHAMP DE L'HISTOIRE
A CETTE ÉPOQUE.

CONSTANTINOPLE
CEPENDANT
RABAISSE LEUR ORGUEIL
ET
PUNIT LEUR TÉMÉRITÉ.
MAIS IL FALLUT
INVENTER CONTR'EUX
LE FEU GRÉGEOIS.

ALORS AUSSI
LES EMPEREURS D'ORIENT,
PROTECTEURS DES PAPES,
NE S'OCCUPOIENT
QUE DE LEURS PROTÉGÉS.

L'ANGLETERRE
N'A QUE DES NOMS DE ROIS
A CITER.

LA FRANCE BRILLE ENCORE MOINS.
DIGNE SUCCESSEUR DES DEUX CLOTAIRE,
DAGOBERT
FAIT RÉGNER LES MÊMES MŒURS.
CE N'ÉTOIT PEUT-ÊTRE
QUE LES VICES DU TEMS.

CE PRINCE NOURRISSOIT
UN ENNEMI DOMESTIQUE
QUI DEVOIT BIENTOT PURGER LE TRONE
AUX DÉPENS DE SA POSTÉRITÉ.

SOUS LES ROIS ENDORMIS,
LES MAIRES VEILLENT.
PEPIN RÈGNE,
ET
FAIT LA GUERRE A SES MAITRES.

JADIS,
RETRAITE DE PÊCHEURS FUGITIFS,
RESTE MISÉRABLE D'AQUILÉE,
VENISE
S'ÉLÈVE AU SEIN DE LA MER,
DEVIENT RÉPUBLIQUE,

C X X V

ET
SE NOMME UN DOGE.

NATION INTACTE,
MÊME
POUR LES ROMAINS,
LES SARMATES,
LONG-TEMS BARBARES,
MAIS
TOUJOURS LIBRES,
SE LAISSENT CIVILISER
PAR L'UN D'ENTR'EUX;
ILS ÉLISENT LECK
ROI DE POLOGNE.

L'ESPAGNE,
AU CONTRAIRE,
NÉE POUR SERVIR
TOUS CEUX
QUI VEULENT LUI COMMANDER,
SOUMISE TOUR-A-TOUR
PAR CARTHAGE ET PAR ROME,
PAR LES GOTHS ET PAR LES VANDALES,
CÈDE ENCORE UNE FOIS
AUX MAURES.

LES FRANÇAIS
REPRENNENT LEUR CARACTÈRE
SOUS CHARLES MARTEL;
HOMME AU-DESSUS DE SON SIÈCLE,
IL DÉDAIGNE LE NOM DE ROI,
DÉGRADÉ PAR L'INDOLENCE
DE TANT DE PRINCES.
SON BRAS VICTORIEUX
ARRÊTE
LE DÉBORDEMENT
DE TROIS CENTS MILLE SARRASINS.
IL NE FUT PAS MOINS REDOUTABLE
AU CLERGÉ AMBITIEUX.

DANS LE MÊME TEMS
QUE LES OMNIADES
SONT DÉTRUITS ET REMPLACÉS
PAR LES ABASSIDES,
LA RACE MÉROVINGIENNE
EST ÉTEINTE.

AVOUÉ
PAR LES ÉTATS DE SA NATION,
PEPIN,
FIDÈLE A L'ESPRIT DE SON SIÈCLE,

S'ÉTAYE ENCORE,
POUR PRENDRE LE SCEPTRE,
DU SUFFRAGE INTÉRESSÉ
DES PAPES
ZACHARIE ET ÉTIENNE.

SI LE TRONE N'EST POINT UN HÉRITAGE,
PEPIN N'EN FUT PAS L'USURPATEUR.
C'EST AU PLUS DIGNE
A PORTER LA COURONNE.

LE VAINQUEUR DES LOMBARDS ET DES SAXONS
MÉRITOIT DE RÉGNER SUR LES FRANCS,
DONT IL ÉTOIT LE PLUS BRAVE.
IL FUT ÉCLIPSÉ PAR SON FILS.

LE GÉNIE DE CHARLEMAGNE
FAIT PALIR
TOUS SES CONTEMPORAINS.
LA MONARCHIE UNIVERSELLE
DES ROMAINS
EST RÉTABLIE UN MOMENT
PAR LUI.
L'EMPIRE DU MONDE ENTIER

CXXVIII

PASSE ENCORE UNE FOIS
DANS LA MAIN D'UN SEUL HOMME.

CE PRINCE,
CRAINT ET RESPECTÉ
DE TOUTE LA TERRE,
ET
QUI N'EUT POINT DANS ÉGINHART
UN AUTRE QUINTE-CURCE
POUR HISTORIEN,
VOULUT
A LA GLOIRE DE SES ARMES
EN AJOUTER UNE PLUS PURE,
EN DEVENANT LE BIENFAITEUR
DE SES SUJETS,
PAR LES LOIX ET LES LUMIÈRES
QU'IL LEUR DONNA.

SON PALAIS IMPÉRIAL
OFFRIT UNE ÉCOLE,
A LAQUELLE IL PRÉSIDOIT
EN PERSONNE.

RÉFORMATEUR DE SON SIÈCLE,
IL NE TINT PAS A LUI

CXXIX

QU'UNE RÈGLE UNIQUE
DANS LE COMMERCE
FUT COMMUNE A TOUS SES ÉTATS.

IL RÉPRIMA
LE LUXE CORRUPTEUR ;
SES CAPITULAIRES
SERONT A JAMAIS
UN MONUMENT VÉNÉRABLE
DE SA SAGESSE,
ET
DE LA LIBERTÉ DE NOS AYEUX
ASSEMBLÉS AU CHAMP DE MARS.

TOUT LE BIEN
POSSIBLE A L'ESPRIT HUMAIN,
IL L'EUT FAIT,
S'IL ÉTOIT DONNÉ A L'HOMME
DE TOUT FAIRE.

QUE N'EUT-IL ÉTÉ SECONDÉ
EN EUROPE,
COMME IL L'ÉTOIT DANS L'ORIENT
PAR LE CALIFE HAROUN RASCHILD,
SON ALLIÉ

ET

SON ÉGAL PEUT-ÊTRE !

CE SOUVERAIN ARABE,

QUI AVOIT IMPOSÉ TRIBUT

A L'IMPÉRATRICE IRÈNE

ET

A NICÉPHORE,

PREMIER EMPEREUR GREC,

TOUS DEUX

SI CONNUS PAR LEURS FORFAITS,

FUT

PLUS HEUREUX QUE CHARLEMAGNE.

LES MUSES,

DONT IL ÉTOIT L'AMI,

A L'EXEMPLE D'ALMANSOR,

SE PLAISOIENT DAVANTAGE

DANS LES BELLES CONTRÉES

QU'IL RENDOIT FLORISSANTES.

LES BEAUX ARTS,

LES HAUTES SCIENCES,

ET MÊME

LA PHILOSOPHIE,

REÇOIVENT LE MÊME ACCUEIL
DE SON FILS MAMON.
HOMÈRE EST TRADUIT;
ET
ARISTOTE FAIT LOI
CHEZ LES ARABES.

LOUIS LE PREMIER
N'HÉRITA QUE DE L'EMPIRE;
SON PÈRE
NE LUI TRANSMIT PAS SES TALENS.

LES MŒURS SCANDALEUSES
DE JUDITH SA FEMME,
L'AMBITION DE SES ENFANS
ET
L'INSOLENCE DU CLERGÉ
LE PUNIRENT DE SA FOIBLESSE;
INDIGNE DE LA POURPRE,
PUISQU'IL FUT ASSEZ DÉBONNAIRE
POUR S'EN LAISSER DÉPOUILLER.

EGBERT
DONNE UNE NOUVELLE FORME
AU GOUVERNEMENT POLITIQUE

DE L'ANGLETERRE,
EN DÉTRUISANT L'HEPTARCHIE.
LES SEPT ROYAUMES
DES ANGLO-SAXONS
N'AURONT PLUS QU'UN MAITRE.
C'EST ENCORE TROP.

CHARLES RÈGNE
OU PLUTOT SUCCÈDE
AU PUSILLANIME LOUIS,
ET
NE SOUTIENT PAS MIEUX,
AINSI QUE SES FRÈRES,
L'ÉDIFICE HARDI
DONT SON AYEUL
AVOIT POSÉ LES FONDEMENS.

LOIN D'EN IMPOSER
AUX HABITANS DU NORD,
ILS ACCOURENT
DU FOND DU DANEMARCK,
ALLÉCHÉS PAR L'OR,
SEULE ARME QU'ON LEUR OPPOSE.

UN FLÉAU PLUS GRAND
AFFLIGE LA FRANCE.

CXXXIII

LE RÉGIME FÉODAL,
DONT IL RESTA SI LONG-TEMS
DES TRACES HONTEUSES,
DATE DE CETTE ÉPOQUE.
LA NATION DES FRANCS
N'EST PLUS
QU'UN PEUPLE DE SERFS.

EN CE TEMS-LA,
LE SIÉGE APOSTOLIQUE
MAL TENU
PAR DES PONTIFES
EFFÉMINÉS,
SEMBLE ÊTRE TOMBÉ
EN QUENOUILLE.

CE REPROCHE
N'EUT POINT ÉTÉ FAIT
AUX VICAIRES DU CHRIST,
S'ILS EUSSENT RESSEMBLÉ
TOUS
A LÉON IV.

L'ÉGLISE
N'A PAS TROP DE TOUTES SES FORCES,

POUR DÉFENDRE LE DÉPOT DE LA FOI,
CONTRE LES ATTAQUES
DU SAVANT PHOTIUS.

FIERS
DE LEUR PREMIÈRE EXPÉDITION,
LES NORMANDS
SE PRÉSENTENT DE NOUVEAU
AUX PORTES DE PARIS.

LE COMTE EUDES
ET
L'ÉVÊQUE GOSSELIN
SE DISPUTENT DE COURAGE
POUR PRÉSERVER LEUR VILLE,
SI MAL PROTÉGÉE
PAR CHARLES-LE-GROS :
SIÉGE MÉMORABLE
DIGNE DE LA MUSE D'HOMÈRE,
ET QUI NE FUT CHANTÉ
QUE PAR LE VERSIFICATEUR ABBON.

FILS DE BASILE,
LÉON,
QUI N'AVOIT D'UN SAGE

QUE LE TITRE,
NE SE DÉFEND PAS MIEUX
CONTRE LES HONGROIS
ET
LES AUTRES BARBARES.

IL SE MONTRE PEU CAPABLE
DE RELEVER
LE SCEPTRE D'ORIENT,
AVILI
DEPUIS LONGUES ANNÉES
PAR UNE SUITE TROP NOMBREUSE
D'EMPEREURS
INEPTES OU COUPABLES.

SON FILS,
CONSTANTIN PORPHIROGENÈTE,
ÉTOIT PLUTOT NÉ
POUR ÉCRIRE ET POUR PEINDRE
QUE POUR RÉGNER.

LES DANOIS
TROUVENT UN HÉROS
DANS ALFRED.
L'ANGLETERRE

CXXXVI

LUI DOIT AUTANT
QUE LA FRANCE A CHARLEMAGNE.

EST-CE POUR AVOIR CREVÉ LES YEUX
A SES QUATRE FRÈRES
QU'ON DÉCERNA LE TITRE DE GRAND
AU ROI DES ASTURIES,
ALPHONSE III ?

CHARLES-LE-SIMPLE,
ÉPUISÉ D'OR ET D'HOMMES,
APPAUVRI PAR LES FIEFS,
INCAPABLE DE FAIRE TÊTE
A ROLLON,
MET FIN AUX RAVAGES
DES NORMANDS INFATIGABLES,
EN LEUR CÉDANT
LA NEUSTRIE,
ET ENCORE LA BRETAGNE.

IL FAIT UN PLUS GRAND SACRIFICE,
EN RENONÇANT A L'EMPIRE,
DEVENU ÉLECTIF
PAR LA SUITE.

ROLLON

JUSTIFIE SA CONQUÊTE

PAR SON AMOUR POUR LA JUSTICE,

ET

MÉRITE QUE SON NOM,

INVOQUÉ PAR LES FOIBLES,

SOIT UNE SAUVE-GARDE

DÉSORMAIS

CONTRE LES FORTS.

ON NE PEUT

DONNER LE MÊME ÉLOGE

AUX PRINCES SES CONTEMPORAINS,

QUI LE TRAITOIENT DE BARBARE!

L'HISTOIRE

DE CES TEMS DÉSASTREUX

EST COURTE,

QUAND ON LA BORNE

AUX SEULS ACTES

HONORABLES A L'HUMANITÉ!

PÉRISSE LA MÉMOIRE

D'UNE FOULE DE SOUVERAINS

INUTILES OU MÉCHANS!

CXXXVIII

NE SAUVONS DE L'OUBLI
QUE LES BONS.

OTHON I,
EMPEREUR D'ALLEMAGNE,
NE FUT QUE GRAND :
LOUIS D'OUTRE-MER
EUT ÉTÉ QUELQUE CHOSE ;
MAIS
HUGUES, COMTE DE PARIS,
ÉTOIT TOUT ;
MONARQUE,
SANS DAIGNER EN PRENDRE LE TITRE.

LOTHAIRE
N'EN CONSERVE QUE LE NOM,
PLUS BRAVE SOLDAT
QUE PRINCE RECOMMANDABLE,
ET
MOINS PUISSANT
QUE LE DERNIER DE SES VASSAUX.

LOUIS V
N'A QU'UN MOMENT
POUR RÉGNER.

LA RACE DE CHARLEMAGNE,

TOMBÉE DANS LE MÉPRIS,

REHAUSSE ENCORE DAVANTAGE

L'ÉCLAT DE LA FAMILLE DE ROBERT.

DUC DE FRANCE,

HUGUES CAPET

EN EST ÉLU ROI

PAR LA GRACE DE LA NATION,

QUI, POUR LA DERNIÈRE FOIS,

CHOISIT SON SOUVERAIN.

PARIS

REPREND SA DIGNITÉ,

ET

REDEVIENT LE SÉJOUR DU MONARQUE.

L'AUVERGNE,

EN CE MOMENT,

PRODUIT UN ARTISTE

DANS LA PERSONNE

D'UN ARCHEVÊQUE DEVENU PAPE;

GERBERT

DONNE UN BALANCIER A L'HORLOGE,

CXL

ET

PASSE POUR MAGICIEN.

EN ARABIE,

RHASÈS ET AVICÈNE

FONT FLEURIR LA MÉDECINE,

ET GÉBER,

LA CHIMIE.

MAIS

LES LETTRES,

ERRANTES DANS L'ORIENT,

NE SE PRESSENT POINT D'OCCUPER

L'ASYLE QU'ON LEUR OFFRE

A OXFORD ET A PARIS.

AU MILIEU DES TÉNÈBRES GÉNÉRALES,

LE CHRISTIANISME

SEUL

FAIT TOUJOURS QUELQUES PROGRÈS.

LA SŒUR

DE BAZILE ET DE CONSTANTIN

LUI MÉNAGE

UNE ENTRÉE AVEC ELLE

DANS LES ÉTATS DEMI-BARBARES
DU GRAND-DUC DE RUSSIE.

L'ÉVANGILE
SUCCÈDE A L'EDDA
DANS L'ISLANDE.

ÉTIENNE
EST A-LA-FOIS
L'APOTRE ET LE LÉGISLATEUR
DE LA HONGRIE.

DE BRIGANDS DEVENUS HÉROS,
LIBÉRATEURS DE SALERNE,
LES NORMANDS
FONDENT UN TRONE EN SICILE,
SOUS LA CONDUITE
DE GUILLAUME BRAS-DE-FER
ET
DE ROBERT GUISCARD.

LES TURCS EUX-MÊMES,
DISCIPLINÉS PAR THOGRUL-BEGH,
FORMENT DANS LA PERSE
UN ÉTABLISSEMENT REDOUTABLE.

FILS DE CAPET,

ROBERT,

A LA MORT DE SON PÈRE,

PREND LA COURONNE;

MAIS

IL NE PEUT GARDER SA FEMME.

LES FOUDRES DE L'ÉGLISE

DÉSUNISSENT DEUX CŒURS

AVOUÉS PAR LA NATURE.

LA TENDRE BERTHE

EST OBLIGÉE DE CÉDER

A L'IMPÉRIEUSE CONSTANCE.

SON ROYAL ÉPOUX,

FRAPPÉ D'EXCOMMUNICATION,

ET SAGE

AUTANT QU'ON POUVOIT L'ÊTRE

A CETTE ÉPOQUE,

CONNOISSANT DÉJA TROP

LE POIDS DE SA COURONNE,

A LE BON ESPRIT DE SE REFUSER

AU FARDEAU DU SCEPTRE IMPÉRIAL.

PLUS ENTREPRENANT,

CANUT,

CXLIII

ROI DE DANEMARCK,
S'EMPARE
DU TRONE D'ANGLETERRE.

ISAAC COMMÈNE,
PLUS DIGNE DU RANG SUPRÊME
QUE SES PRÉDÉCESSEURS,
D'EMPEREUR D'ORIENT
SE FAIT
PORTIER D'UN MONASTÈRE :
TRAIT DE PRUDENCE!
LEÇON AUX SOUVERAINS
HAIS
DU CLERGÉ VINDICATIF!

HENRI I
DISPUTE LA FRANCE
A SON FRÈRE
AVEC L'ÉPÉE DE ROBERT-LE-DIABLE.

GUILLAUME SON FILS,
CONQUÉRANT DE L'ANGLETERRE,
Y RÈGNE
AVEC TOUTE LA DURETÉ

D'UN MAITRE
SUR DES ESCLAVES RÉVOLTÉS.

ALORS
DEUX PRINCESSES
DE MŒURS DIFFÉRENTES
PORTOIENT LE MÊME NOM.

MATHILDE,
ÉPOUSE DE GUILLAUME I,
MODÉLE DE FIDÉLITÉ CONJUGALE,
COMME UNE AUTRE PÉNÉLOPE,
BRODOIT EN LAINE
LES VICTOIRES DE SON ÉPOUX.

L'AUTRE MATHILDE,
COMTESSSE DE TOSCANE,
PLUS ATTACHÉE A GRÉGOIRE VII
QU'A SES DEUX MARIS,
FONDE LE PATRIMOINE DE SAINT PIERRE,
EN DONNANT SES ÉTATS
AU SAINT SIÈGE.

RETIRÉS A CANOSSE,
LA BIENFAITRICE ET L'OBLIGÉ

SE JOUENT
DE LA MAJESTÉ IMPÉRIALE
QU'AVILISSOIT HENRI IV,
EN DEMANDANT GRACE
A LEUR PORTE.

L'EMPIRE ET LE SACERDOCE
SONT AUX PRISES.
SCANDALE POLITIQUE !
LUTTE FACHEUSE !
LES PEUPLES
QUI DEVROIENT EN ÊTRE LES JUGES,
N'EN SONT QUE LES INSTRUMENS
ET LES VICTIMES.

SI HENRI IV
EST TROP PUNI DE SES FOIBLESSES,
GRÉGOIRE VII
NE LE FUT PAS ASSEZ DE SON ORGUEIL.

PHILIPPE I,
HORS DE TUTELLE,
FAIT REGRETTER A LA NATION FRANÇAISE
LA RÉGENCE
DE BAUDOUIN, COMTE DE FLANDRE,

ET

N'EST PAS AU NIVEAU
DE SON SIÈCLE.

EN CES TEMS-LA,
JEAN,
PHILOSOPHE ITALIEN,
PRÊCHE
LA MÉTEMPSYCOSE DE PYTHAGORE,
ET RETROUVE
LES IDÉES DE PLATON
DANS LES DOGMES FONDAMENTAUX
DE L'ÉGLISE.

ROBERT D'ARBRISSEL
PLUS HARDI,
RÉVÈLE
AUX YEUX DE LA BRETAGNE
LA TURPITUDE DU CLERGÉ,
ET
FONDE UN MONASTÈRE,
DONT IL SOUMET LA DISCIPLINE
AUX FEMMES
QU'IL AVOIT TOUJOURS PORTÉES
DANS SON CŒUR APOSTOLIQUE.

MOINS SUR DU SIEN,

BRUNO

ROMPT TOUT COMMERCE

AVEC LE SEXE,

ET

FAIT REVIVRE EN DAUPHINÉ

LES MŒURS AUSTÈRES

DE LA THÉBAÏDE.

DE RETOUR D'ASIE,

UN HOMME DE PAIX

FAIT RETENTIR TOUTE L'EUROPE

DU TOCSIN DE LA GUERRE.

ÉCHAUFFÉS A LA VOIX

DE PIERRE L'HERMITE,

LES HÉROS DU TEMS

QUITTENT LEURS FOYERS

ET

LEURS PLUS CHERS INTÉRÊTS;

ILS S'ARMENT

DE LA CROIX ET DE L'ÉPÉE,

SOUS LA CONDUITE DE GODEFROI,

QUE JÉRUSALEM

RECONNOIT POUR SOUVERAIN.

EXPÉDITION BRILLANTE,

MAIS

DÉSAVOUÉE PAR LA RAISON,

AUTANT

QUE LA QUERELLE OPINIATRE

ENTRE LA FRANCE ET L'ANGLETERRE !

LES DÉPORTEMENS D'ÉLÉONORE

COUTENT LA VIE

A DES MILLIONS D'HOMMES.

LOUIS VI ET LOUIS VII,

SEIGNEURS BRAVES,

MAIS

SOUVERAINS INCONSÉQUENS,

ET

A LA MERCI DE LEURS VASSAUX ;

EN ITALIE,

LES GUELPHES ET LES GIBELINS ;

EN ESPAGNE,

DES ÉTATS FONDÉS ET DÉTRUITS

LES UNS PAR LES AUTRES ;

PAR-TOUT

LES PEUPLES IMMOLÉS

A LA POLITIQUE DES CHEFS ;

ET TOUJOURS
DU SANG RÉPANDU :
TELS SONT LES PRINCIPAUX FAITS
DE CE SIÈCLE.

BERNARD,
PLUS ÉLOQUENT, MAIS MOINS SAGE
QUE SUGER,
PERSUADE UNE NOUVELLE CROISADE,
SI BIEN DÉCRITE
PAR ANNE,
FILLE D'ALEXIS COMNÈNE.

ALEXANDRE III
RÉPARE LE SCANDALE
DES PAPES SES PRÉDÉCESSEURS,
EN ABOLISSANT LA SERVITUDE
DANS TOUTE LA CHRÉTIENTÉ.

CETTE CLAUSE
DU ONZIÈME CONCILE GÉNÉRAL
TENU A LATRAN,
VAUT BIEN
LA CENSURE
DE QUELQUES ERREURS THÉOLOGIQUES,

OU

LA CONDAMNATION DES ALBIGEOIS.

A CETTE ÉPOQUE,

MIEUX AVISÉS

QUE LES EUROPÉENS,

LES JAPONOIS

RÉDUISENT LEUR DAIRI

A LA SEULE AUTORITÉ SPIRITUELLE,

ET

SE DONNENT UN EMPEREUR.

DE TOUS LES GOUVERNEMENS,

LE PIRE EST ENCORE

LA THÉOCRATIE.

AU MILIEU DES RÉVOLUTIONS SANS NOMBRE

QUI AGITENT LES PEUPLES

RIVAUX L'UN DE L'AUTRE

SANS S'ENTENDRE,

L'EMPIRE DES LETTRES

S'ÉTEND

PAR LES SOINS DES CÉNOBITES,

ALORS UTILES.

COPISTES LABORIEUX ET PATIENS,

PAR EUX

FURENT CONSERVÉS

LES CHEFS-D'ŒUVRE DE L'ANTIQUITÉ.

PLUS DIGNES ENCORE

DE NOTRE RECONNOISSANCE,

S'ILS AVOIENT TOUJOURS ÉTÉ

COPISTES FIDÈLES.

LES ÉCOLES

S'OUVRENT DE TOUTES PARTS.

HOMÈRE EST COMMENTÉ

PAR UN ARCHEVÊQUE DE THESSALONIQUE;

ET

ARISTOTE TRADUIT

PAR AVÉROÈS,

QUI EN DEVIENT LE MARTYR

A MAROC,

TANDIS QU'A PARIS,

DANS UN CONCILE,

ON CONDAMNE

LES ÉCRITS DU PHILOSOPHE GREC

AU MÊME BUCHER

QUI BRULOIT LE TALMUD DES RABBINS.

LE FEU DU GÉNIE,
COUVÉ LONG-TEMS
SOUS LES CENDRES DE L'IGNORANCE
ET
SOUS LES DÉCOMBRES DE LA BARBARIE,
LAISSE ENFIN ÉCHAPPER
QUELQUES ÉTINCELLES.

LES TROUBADOURS
FONT RETENTIR LA PROVENCE
DE LEURS DOUCES CHANSONS.
LES JEUX FLORAUX,
A TOULOUSE,
N'EN SONT QUE LES ÉCHOS FOIBLES.

LES VERS GALANS D'ABAYLARD,
PLUS QUE SES ÉCRITS POLÉMIQUES,
POLISSENT LES ESPRITS;
ET
LES TENDRES ÉPITRES D'HÉLOISE
ATTENDRISSENT LES CŒURS.

AMANS INFORTUNÉS!
L'ANTIQUITÉ
VOUS EUT DRESSÉ UN TEMPLE;

LA POSTÉRITÉ
BAIGNE VOS CENDRES DE SES PLEURS.

LA NATION JUIVE
ELLE-MÊME
SUIT LE BRANLE GÉNÉRAL,
ET
PRODUIT AUSSI DES SAVANS.
MOISE MAIMONIDE
SE MONTRE DIGNE DE SON PRÉNOM.

LES HÉBRAISANS
N'EN SONT PAS PLUS CONSIDÉRÉS.
PHILIPPE AUGUSTE
COMMENCE SON RÈGNE
PAR UNE INJUSTICE
CONTR'EUX.

LES VAUDOIS,
PLUS EXCUSABLES,
SONT TRAITÉS PLUS CRUELLEMENT ENCORE
PAR LE ZÈLE
DE L'INQUISITEUR DOMINIQUE.

LES POTENTATS D'EUROPE
SE CROISENT DE NOUVEAU

POUR COMBATTRE SALADIN,
DONT ILS AUROIENT DU PLUTOT
IMITER LES VERTUS.

EXPÉDITION PEU GLORIEUSE!
LA VILLE D'ACRE
EN EST LE SEUL PRIX;
JÉRUSALEM
RESTE AU SULTAN GÉNÉREUX.

UNE RÉVOLUTION PLUS GRANDE
S'OPÉROIT
AUX DEUX EXTRÉMITÉS DE LA TERRE.

GENGIS
SOUMET LES CHINOIS
AUX TARTARES:
MÉTÉORE SANGLANT
QUI LAISSA PEU DE TRACES!
VOLCAN
QUI S'ÉTEIGNIT
UN MOMENT APRÈS L'EXPLOSION!

DANS LE NOUVEAU MONDE,
ENCORE IGNORÉ DE L'ANCIEN,

MANCO-CAPAC
CIVILISE LE PÉROU,
DONT L'OR
DEVOIT ATTIRER BIENTOT
LE FER DES EUROPÉENS.

PHILIPPE,
DE RETOUR DANS SON ROYAUME,
Y MÉRITE MIEUX
SON SURNOM D'AUGUSTE.

VAINQUEUR D'OTHON
A BOVINES,
IL REPREND A L'ANGLETERRE
LES BELLES PROVINCES
USURPÉES SUR LA FRANCE.

MENACÉ DE SA FLOTTE,
JEAN-SANS-TERRE
SE REND VASSAL DU PAPE,
QUI SE CROYOIT
LE SEIGNEUR SUSERAIN
DE TOUTES LES PUISSANCES TEMPORELLES.

LES ANGLAIS
DÉSAVOUENT LEUR LACHE SOUVERAIN,

ET
LA GRANDE CHARTE,
SAUVE-GARDE DE LA LIBERTÉ,
EST RÉTABLIE
DANS TOUTE SA PLÉNITUDE.

BIENTOT
L'ÉLITE DE LA NATION,
ASSEMBLÉE EN PARLEMENT
ET
EN COMMUNES,
SAURA CIRCONSCRIRE
L'AUTORITÉ ROYALE
SOUS LE FOIBLE HENRI III.

LE PEUPLE DE FLORENCE
SECOUE AUSSI LE JOUG
DES ÉVÊQUES ET DES NOBLES.
PLUSIEURS VILLES D'ALLEMAGNE
S'UNISSENT PAR LE COMMERCE :
LIGUE UTILE
QU'ON DOIT REGRETTER !

LE PLUS GRAND BIEN
QUE LE FILS ET LE SUCCESSEUR

DE PHILIPPE AUGUSTE
AIT FAIT A LA FRANCE,
EST DE LUI AVOIR DONNÉ
LOUIS IX.

TUTRICE DU ROI
ET
RÉGENTE DU ROYAUME,
LA REINE BLANCHE,
COQUETTE PAR VERTU,
FAIT SERVIR LA GALANTERIE
DU COMTE DE CHAMPAGNE
A SES DESSEINS POLITIQUES.

NOURRI DE SON LAIT,
IMBU DE SES PRINCIPES,
SON FILS
RÈGNE EN SAGE
A VINCENNES,
COMBAT EN HÉROS
A TAILLEBOURG.

PARDONNONS-LUI
SES DEUX CROISADES,
EN FAVEUR

DU GRAND CARACTÈRE
QU'IL Y DÉPLOYA.

S'IL TINT A SON SIÈCLE
PAR QUELQUE CHOSE,
DU MOINS
IL RACHETA SES FAUTES
PAR DES ACTIONS
QUI FIGUROIENT AVEC AVANTAGE
DANS LES TEMS LES PLUS ÉCLAIRÉS.

AUCUN DE SES CONTEMPORAINS
NE L'ÉGALA ;
AUCUN DE CEUX
QUI PORTENT SON NOM
NE L'A ENCORE SURPASSÉ.

L'EUROPE, A CETTE ÉPOQUE,
OFFROIT
UN TABLEAU PLEIN DE MOUVEMENT,
DONT LOUIS IX,
SUR LE PREMIER PLAN,
ÉCLIPSE
TOUS LES AUTRES PERSONNAGES ;
IL AUROIT PU

LEUR SERVIR DE MODÈLE ;
MODÈLE SI BIEN TRACÉ
PAR LES CRAYONS NAIFS
DU FIDÈLE JOINVILLE.

NE TAISONS PAS
LE NOM DE BOISLÈVE ;
BON CITOYEN,
IL FIT RÉGNER DANS LA CAPITALE
LE MÊME ORDRE
QUE SON SOUVERAIN
METTOIT DANS LE ROYAUME.

PARMI CES SCÈNES SANGLANTES,
LES MUSES FRANÇAISES
AVOIENT POUR BERCEAU
LA COUR DU ROI DE NAVARRE ;
MAIS
QU'EST-CE QUE LE ROMAN DE LA ROSE,
PAR LORRIS ET CLOPINEL,
COMPARÉ
AU JARDIN DES ROSES
DE SAADI,
QUI FLORISSOIT EN CE TEMS ?

LA SORBONNE

ET

LES QUINZE-VINGTS

SONT FONDÉS ;

LES ARTS UTILES

ET

LES SCIENCES EXACTES

RESTENT TOUJOURS

MÉCONNUS OU NÉGLIGÉS.

ALPHONSE ,

DANS LA CASTILLE ,

SE CONSOLE

DU SCEPTRE DE L'EMPIRE

AVEC LE COMPAS D'URANIE.

CORDELIER ET PHILOSOPHE ,

ROGER BACON

EN ANGLETERRE ,

DANS L'OMBRE DU CLOITRE ,

PRÉLUDE

AUX BRILLANTES DÉCOUVERTES

DE NEWTON.

LA POUDRE A CANON

ET

LA BOUSSOLE
SONT TROUVÉES :
INVENTIONS
AUSSI GLORIEUSES
QUE FUNESTES
A L'ESPÈCE HUMAINE.

AMAURY ET DAVID DE DINANT,
PRÉCURSEURS DE SPINOSA,
SONT RÉFUTÉS
PAR THOMAS D'AQUIN.
POURQUOI BRULER LEURS DISCIPLES ?
IL FALLOIT PLUTOT LES CONVERTIR.

C'ÉTOIT LE RÈGNE
DU FANATISME
POLITIQUE ET RELIGIEUX ;
IL SE PERMET
ET CONSACRE TOUT :
ON LUI DOIT
LES VÊPRES SICILIENNES,
ET
TROIS SIÈCLES APRÈS
LES MATINES FRANÇAISES.

PHILIPPE-LE-HARDI

NE RAPPORTA

AVEC LES CENDRES DE SON PÈRE

QUE SES QUALITÉS BRILLANTES ;

IL LUI MANQUOIT

SES GRANDS MOYENS

POUR PUNIR L'ATTENTAT INOUI

CONTRE SES SUJETS

ÉTABLIS A MESSINE.

CEPENDANT

RODOLPHE DE HAPSBOURG,

ÉLU EMPEREUR,

NE DAIGNE PAS EN PRENDRE LA COURONNE

DES MAINS PONTIFICALES.

IL FONDE

LA MAISON D'AUTRICHE,

RIVALE SUPERBE

DE CELLE DE FRANCE.

PHILIPPE,

LE PLUS BEL HOMME DE SON ROYAUME,

NE S'EN MONTRE PAS

LE PLUS IRRÉPROCHABLE.

VAINCU A COURTRAI,

VAINQUEUR A FURNES ET A MONS,

IL HUMILIE LES ANGLAIS,

ET

OPPOSE A BONIFACE VIII

UNE LOUABLE RÉSISTANCE.

MAIS

LE BUCHER DES TEMPLIERS

ATTESTE

PLUTOT SON AVARICE

QUE SON ÉQUITÉ.

C'EST ALORS QUE LE DANTE,

USANT DU PRIVILÉGE

ACCORDÉ AU GÉNIE,

FLÉTRISSOIT

DANS SON POÈME SUBLIME ET BIZARRE

LA MÉMOIRE

DES PAPES ET DES ROIS.

LA DOUBLE COURONNE DE BONIFACE

N'ARRÊTE POINT

LA MAIN VENGERESSE

DE SCIARRA COLONNE.

L'ÉGLISE

DAIGNE IMITER LE PAGANISME;

AUX JEUX SÉCULAIRES DES ANCIENS,
ELLE SUBSTITUE LE JUBILÉ.

TANDIS QUE GUILLAUME TELL,
FILS D'UN BERGER,
ARBORE LE CHAPEAU DE LA LIBERTÉ
SUR LES MONTAGNES HELVÉTIQUES,
OTHMAN,
FILS DU PATRE ORTHOGUL,
LÈVE
SUR LA TÊTE DES TURCOMANS
LA VERGE DU DESPOTISME.

ÉDOUARD
SOUMET L'ÉCOSSE AUX ANGLAIS.
LES ANGLAIS
ASSEMBLÉS EN PARLEMENT,
ENLÈVENT
LE POUVOIR LÉGISLATIF
A SON FILS,
SOUVERAIN SANS TALENT
QU'ILS SONT OBLIGÉS
DE DÉPOSER.

DÉPRÉDATEUR
DE LA FORTUNE PUBLIQUE,

CLXV

ENGUERRAND-MARIGNI
SUBIT UN SUPPLICE INFAME :
EXEMPLE PERDU
POUR SA POSTÉRITÉ NOMBREUSE !
SEUL ÉVÉNEMENT
QUI FASSE HONNEUR
AU RÈGNE
COURT ET TROP LONG ENCORE
DE LOUIS HUTIN !

MARIÉ DEUX FOIS,
CE PRINCE SEMBLE AVOIR ÉPOUSÉ
TOUR-A-TOUR
LE VICE ET LA VERTU.

PHILIPPE V
N'EST ROI QUE PENDANT CINQ ANNÉES ;
MAIS IL LAISSE
DE SAGES RÉGLEMENS,
ET S'INTERDIT
LES LETTRES-DE-CACHET ;
LOI SAINTE,
TANT DE FOIS VIOLÉE
PAR LA SUITE.

SOUS CHARLES-LE-BEL,

LES FINANCIERS SONT POURSUIVIS,

PEUT-ÊTRE

POUR MASQUER LES DETTES DE L'ÉTAT.

CE PRINCE,

TROP JEUNE POUR SA PLACE,

ACCORDE AU PAPE

DES DÉCIMES,

DANS L'ESPOIR

D'EN OBTENIR LE SCEPTRE IMPÉRIAL.

TOUJOURS DOCILE,

LE PEUPLE PAYA

LES FOLLES PRÉTENTIONS

DU SOUVERAIN.

PHILIPPE DE VALOIS

RÉPARE LA FAUTE

DE SON PRÉDÉCESSEUR ;

IL EN COMMET UNE AUTRE

PLUS GRAVE PEUT-ÊTRE,

EN PRENANT PARTI

POUR LE CLERGÉ

CONTRE LUI-MÊME.

IL TROUVE DANS ÉDOUARD III

UN COMPÉTITEUR TROP REDOUTABLE.

LE SANG DES DEUX NATIONS

COULE COMME L'EAU,

POUR CIMENTER

LEURS DROITS RESPECTIFS,

SUR LESQUELS LE PEUPLE SEUL

EUT DU PRONONCER.

DU MOINS

UN CARTEL

ENTRE LES DEUX CONTENDANS

A LA COURONNE,

EUT TERMINÉ LA QUERELLE

PLUS VITE ET MOINS CRUELLEMENT :

TANT QUE LES SOUVERAINS

AURONT DES SUJETS

AUSSI DÉVOUÉS QU'A CALAIS,

ILS SE CONTENTERONT

D'ÊTRE AGRESSEURS,

CERTAINS

DE TROUVER DES COMBATTANS

TROP AVEUGLES

POUR N'ÊTRE QUE JUGES.

LES AUTRES NATIONS
NE SONT PAS PLUS SAGES.
AUX FLÉAUX NATURELS
ELLES AJOUTENT ENCORE
CELUI
D'UNE POLITIQUE MEURTRIÈRE.

D'ORIENT EN OCCIDENT,
L'ESPÈCE HUMAINE
EST UNE PROIE
QUE SE DISPUTENT DES CHASSEURS
ADROITS OU FÉROCES :
ELLE SE LAISSE DÉPÉCER
SANS RÉSISTANCE,
A LA MERCI
DU PLUS FORT OU DU PLUS FOURBE.

L'AVARE JEAN XXII
FAIT GÉMIR SOUS LE POIDS DE L'OR
LA BARQUE FRÊLE DE SAINT PIERRE.
LA SIMONIE ET LE NÉPOTISME
DEVIENNENT L'ESPRIT
DE L'ÉGLISE ROMAINE.

CLXIX

TANDIS QUE POUR SE FAIRE MOINES,
CANTACUZÈNE
CÉDOIT L'EMPIRE
A PALÉOLOGUE,
ET
HUMBERT DE VIENNE
LE DAUPHINÉ
À PHILIPPE DE VALOIS,
CASTRUCCIO
SE RENDOIT SOUVERAIN
DE LUCQUES,
ET
RIENZI
TENTOIT DE RÉTABLIR ROME
EN RÉPUBLIQUE.

GRANDS HOMMES,
SI
L'AMOUR SEUL DE LA LIBERTÉ
EUT ÉTÉ L'AME
DE LEURS ENTREPRISES HARDIES.

DE TOUTES PARTS
ON CONDAMNE AUX FLAMMES
DES ENTHOUSIASTES.

CLXX

IL NE FALLOIT LEUR ORDONNER
QUE DES BAINS.

ARNAUD DE VILLENEUVE
CEPENDANT
MÉRITOIT TOUTE L'ATTENTION
DES INQUISITEURS
AUXQUELS IL ÉCHAPPA,
S'IL ÉCRIVIT LE LIVRE
DES TROIS IMPOSTEURS.

L'IMITATION DE JÉSUS-CHRIST
RÉPARA BIENTOT
LE SCANDALE ;
L'ÉGLISE ENFIN
EUT QUELQUE CHOSE A OPPOSER
AU PAGANISME.

SOUS JEAN-LE-BON,
SURNOMMÉ AINSI
SANS DOUTE PAR SES FLATTEURS,
LA FRANCE
DÉMEMBRÉE PAR L'ANGLETERRE,
TOUCHE A SA RUINE,
ET

NE TIRE AUCUN AVANTAGE
DES ÉTATS-GÉNÉRAUX
TENUS A PARIS.

ÉPOQUE
DE SA LIBERTÉ ET DE SON SALUT,
SI ELLE EUT SENTI
TOUTE L'IMPORTANCE DU RÉGLEMENT
QU'ON Y PASSA:
GRANDE CHARTE
PAREILLE A LA CONSTITUTION ANGLAISE !

LE ROI JEAN,
A LA TÊTE DE QUATRE-VINGT MILLE GUERRIERS
CONTRE HUIT MILLE,
PRISONNIER DU PRINCE NOIR,
NE VALOIT PAS SA RANÇON.

MAILLARD TUE MARCEL.
LE DAUPHIN,
RÉGENT DU ROYAUME,
FAIT UN RUDE APPRENTISSAGE
DE LA ROYAUTÉ.

CE N'ÉTOIT PAS LE TEMS
DES GRANDS PRINCES :

CHARLES-LE-MAUVAIS
TYRANNISOIT DANS LA NAVARRE,
PIERRE-LE-CRUEL
EN ESPAGNE.

JEANNE DE NAPLES,
MÉLANGE
DE BIEN ET DE MAL,
PROTÉGE LES SAVANS
POUR EN OBTENIR DES SUFFRAGES.

LES MUSES
FUYANT AVEC PÉTRARQUE
LES FACTIONS D'ITALIE,
SE REFUGIENT A VAUCLUSE.
C'EST-LA
QUE L'AMANT DE LAURE,
EN ÉPANCHANT SON CŒUR,
IMMORTALISOIT SON GÉNIE
PAR DES VERS
AUSSI DOUX, MAIS PLUS CHASTES
QUE LA PROSE DE BOCACE.
C'EST DE-LA
QU'IL SORTIT POUR RECEVOIR
A ROME

CLXXIII

LES HONNEURS D'UN TRIOMPHE
QUI N'AVOIT COUTÉ
QUE DE TENDRES SOUPIRS
ET QUELQUES DOUCES LARMES.

LES PRINCES D'EUROPE
LES MOINS PACIFIQUES
SE TROUVÈRENT SENSIBLES
A LA LECTURE DE SES POÉSIES ;
IMPRESSION PASSAGÈRE,
TROP TOT EFFACÉE
PAR LES CONSEILS D'UNE POLITIQUE
TOUJOURS FATALE A L'HUMANITÉ.

PENDANT QUE BERTHOLE
RÉDIGEOIT LA BULLE D'OR,
LOI FONDAMENTALE
DE L'EMPIRE D'ALLEMAGNE,
DEUX HOMMES
CHANGEOIENT LES DESTINS DE LA FRANCE.

CHARLES V
ET
DU GUESCLIN
SON BRAS DROIT,

FORCENT L'ANGLETERRE

A RESTITUTION,

MALGRÉ ÉDOUARD III

ET

JEAN CHANDOS.

CHARLES-LE-SAGE,

DIGNE DE SON SURNOM

ET

DE SA COURONNE,

VAINQUEUR PAR SES GÉNÉRAUX,

RÈGNE PAR LUI-MÊME;

L'HISTOIRE DE SA VIE

EST UNE LEÇON.

PAR SES SOINS,

LA QUATORZIÈME ANNÉE

DEVIENT L'ÉPOQUE

DE LA MAJORITÉ DES ROIS.

UN ROI TROP JEUNE

EST UN FLÉAU,

MOINDRE PEUT-ÊTRE

QU'UNE RÉGENCE TROP LONGUE.

PAR LUI

LA MARINE,

OUBLIÉE DEPUIS CHARLEMAGNE,

REFLEURIT DE NOUVEAU.

LE COMMERCE EST PROTÉGÉ.

CE N'EST PAS DE SON TEMS

QUE LA BASTILLE,

MONUMENT DU PATRIOTISME

D'AUBRIOT,

DEVINT SA PRISON

ET

CELLE DE TOUS CEUX QUI L'IMITÈRENT.

LES LETTRES SONT ACCUEILLIES.

UNE BIBLIOTHÈQUE,

DEVENUE LA PLUS GRANDE

DE TOUTES,

EST COMMENCÉE PAR CHARLES.

IL DONNE LE SIGNAL

AUX MUSES FRANÇAISES;

LA PLUS SAVANTE

DES FEMMES DE SON RÈGNE

ÉCRIT SON HISTOIRE.

CLXXVI

LES POÉSIES
DE CHRISTINE DE PISAN
ET LES BALLADES
DE L'HISTORIEN FROISSARD
NE TARDENT PAS
A ÊTRE SURPASSÉES
PAR VILLON.

LE RESTE DE L'EUROPE,
MOINS ÉCLAIRÉ,
EST MOINS TRANQUILLE.
ON Y VOIT SUCCÉDER
RAPIDEMENT
LES MÊMES SCÈNES
DE VIOLENCE ET DE SCANDALE,
SOUS DES NOMS DIFFÉRENS :
LES PERSONNAGES CHANGENT ;
LE JEU EST LE MÊME.

L'ÉLOQUENTE CATHERINE DE SIENNE
PERSUADE
AU SOUVERAIN PONTIFE
CE QUE LA RAISON
ET LA SAINE POLITIQUE
LUI CONSEILLOIENT DÉJA.

LE SAINT SIÉGE EST TRANSFÉRÉ
D'AVIGNON A ROME.

AU MOMENT,
QUE L'EMPEREUR CHARLES VII
VENOIT RENDRE UN HOMMAGE VOLONTAIRE
A LA SAGESSE DE CHARLES V,
L'EMPEREUR GREC PALÉOLOGUE
ENVOYOIT LACHEMENT
DES AMBASSADEURS
A TAMERLAN.

FEU DÉVASTATEUR
QUI MIT EN CENDRES
LES VASTES CONTRÉES D'ASIE,
DÉJA INCENDIÉES
PAR ALEXANDRE ET GENGIS !

LA MORT
DU VAINQUEUR BRUTAL
DE BAJAZET
RASSURE LES CHINOIS PACIFIQUES,
LIBRES A PEINE
DU JOUG TARTARE.

POUR RÉGNER A CONSTANTINOPLE,
ANDRONIC
EMPOISONNE SON PÈRE:
CONDUITE FAMILIÈRE
AUX PRINCES !

LES VISCONTI
DANS MILAN
AFFERMISSENT LEUR USURPATION.

DANS LE NORD,
UNE FEMME,
MARGUERITE DE VALDEMAR,
CUMULE TROIS COURONNES
SUR SA TÊTE;
JEANNE DE NAPLES,
AU CONTRAIRE,
EXPIE SES CRIMES
PAR UNE MORT VIOLENTE.

NON MOINS COUPABLE,
RICHARD
EST DÉPOSÉ EN ANGLETERRE
PAR SA NATION PEU COMPLAISANTE;
VINCESLAS

CLXXIX

EN ALLEMAGNE
PAR SES ÉLECTEURS JALOUX.

PLUS ENDURANS
SOUS UN ROI EN DÉMENCE,
LES FRANÇAIS,
VAINQUEURS A ROSBECQ,
VAINCUS AU VILLAGE D'AGINCOURT,
FOMENTENT DES PARTIS,
ET
LAISSENT A L'ÉTRANGER
TOUT LE FRUIT
DE LEURS DIVISIONS.

LE DUC D'ORLÉANS
EST ASSASSINÉ
A PARIS,
LE DUC DE BOURGOGNE
A MONTEREAU ;
LA REINE ISABELLE
SE DÉCLARE
CONTRE SA PROPRE FAMILLE.

AUX MAILLOTINS
SUCCÈDENT

CLXXX

LES CABOCHIENS;
NOMS BARBARES
COMME LES ACTIONS.

LES MALHEURS SE MULTIPLIENT
AVEC LES CRIMES D'ÉTAT.
AVILIS OU FÉROCES,
LES PEUPLES
SUIVENT LE GÉNIE MALFAISANT
DE LEURS CHEFS.

LA RELIGION,
DE CONCERT
AVEC LA POLITIQUE,
TOURMENTE L'ESPÈCE HUMAINE
QU'ELLE DEVOIT INSTRUIRE,
OU DU MOINS
CONSOLER.

LES PRINCES ET LES PONTIFES
SE HEURTENT.
LEUR CHOC
EMBRASE L'EUROPE
DÉCHIRÉE EN TOUT SENS.

LES JUIFS OPULENS
PAYENT A PRIX D'OR
LE DROIT D'EXISTER ;
LES FINANCES N'EN SONT PAS MIEUX,
MALGRÉ LA JUSTICE
EXERCÉE CONTRE DEUX SURINTENDANS.

FLAMEL SEUL
SAIT PROFITER DE LA FORTUNE,
ET
N'EN ABUSE PAS.

BETHENCOURT
FAIT MIEUX ENCORE ;
IL FUIT SA PATRIE
EN PROIE AUX FACTIONS,
ET
DÉCOUVRE LES ILES CANARIES ;
TERRE AIMÉE DE LA NATURE,
UNIQUE ASYLE DE LA PAIX.

WICLEFF,
HUS
ET JÉROME DE PRAGUE,
QUE POGGE OSA JUSTIFIER,

CONDAMNÉS
CONTRE LE DROIT DES GENS
PAR UN CONCILE A CONSTANCE,
ÉPURENT LEURS ERREURS
DANS UN BUCHER.
ILS FURENT CRUELLEMENT VENGÉS
PAR ZISCA !

AU MILIEU DE TOUTES CES HORREURS,
CLISSON, BOUCICAUT
ET QUELQUES AUTRES,
RAPPELOIENT
L'HÉROISME ET LA LOYAUTÉ
DES ANCIENS TEMS.

SEUL ALORS,
JUVÉNEL DES URSINS
AVOIT LE COURAGE
D'ÊTRE CITOYEN.

LA DESTINÉE D'UN EMPIRE
NE DÉPEND PAS TOUJOURS
DE SON CHEF.

SANS LE BATARD ET LA PUCELLE,
CHARLES VII,
NÉ ROI DE FRANCE,
FUT PEUT-ÊTRE MORT
ROI DE BOURGES.

TANDIS QUE JEANNE D'ARC
LE RENDOIT VAINQUEUR
A ORLÉANS,
AGNÈS SOREL,
A CHINON,
LUI PARLOIT DE LA GLOIRE
AU SEIN DES PLAISIRS.

ON L'ARRACHE A SES FÊTES
POUR LE SACRER A RHEIMS,
ET
LE FAIRE RENTRER DANS PARIS,
OU DÉJA
LE ROI D'ANGLETERRE
ORDONNOIT EN SOUVERAIN,
SECONDÉ PAR TALBOT.

HEUREUX PAR LUI-MÊME,
GRAND PAR SES GÉNÉRAUX,

LA HIRE ET XAINTRAILLES,
LA FAYETTE ET LA TRIMOUILLE,
MIEUX SERVI QU'UN BON MAITRE
PAR JACQUES CŒUR ET TANNEGUI DU CHATEL,
ET PAR LE PEUPLE
QUI REÇOIT LA TAILLE
SANS MURMURER.

UN ENNEMI DOMESTIQUE,
PIRE POUR CHARLES QUE LES ANGLAIS,
EMPOISONNE SES DERNIERS JOURS.
LE DAUPHIN
SE MONTROIT IMPATIENT
DE DEVENIR LOUIS XI.

UNE GRANDE CATASTROPHE
FAISOIT ALORS
TREMBLER L'EUROPE.
MAHOMET II
S'EMPARE DE CONSTANTINOPLE.

FUYANT DES VAINQUEURS
FIERS DE LEUR IGNORANCE,
LA GRÈCE SAVANTE

TROUVE UN ASYLE
AU VATICAN
PAR LES SOINS DE NICOLAS V.

EN FRANCE,
LE CHASTE BAISER DE LA DAUPHINE,
DONNÉ
AUX MUSES ET A L'ÉLOQUENCE
SUR LA BOUCHE D'ALAIN CHARTIER,
HATE
LA RENAISSANCE DES LETTRES.
ALORS AUSSI,
JEAN DE BRUGES
PEINT LE PREMIER A L'HUILE,
ET
FONDE L'ÉCOLE FLAMANDE.

MAIS
LES DEUX PLUS BEAUX MONUMENS
DE L'INTELLIGENCE HUMAINE,
ET QUI SEULS ÉGALENT
LES MODERNES AUX ANCIENS,
L'INVENTION DE L'IMPRIMERIE
ET
LA DÉCOUVERTE DU NOUVEAU-MONDE,

MÉRITENT SANS DOUTE
D'ÊTRE MARQUÉES
COMME LA PLUS BRILLANTE ÉPOQUE,
DANS LES ANNALES DE L'HISTOIRE.

F I N.

EPILOGUE.

ENFANS DES HOMMES !
TELS ONT ÉTÉ VOS PÈRES,
MÉCHANS PAR LEUR IGNORANCE,
MALHEUREUX PAR LEURS FAUTES :
PLAIGNEZ-LES ;
NE LES IMITEZ PAS.

www.ingramcontent.com/pod-product-compliance
Lightning Source LLC
Chambersburg PA
CBHW071614030726
47598CB00001B/276